· 盘古开天 ·

·盘古开天·

· 盘古开天 ·

·盘古开天·

·伏羲女媧·

·女娲补天·

·神农尝百草·

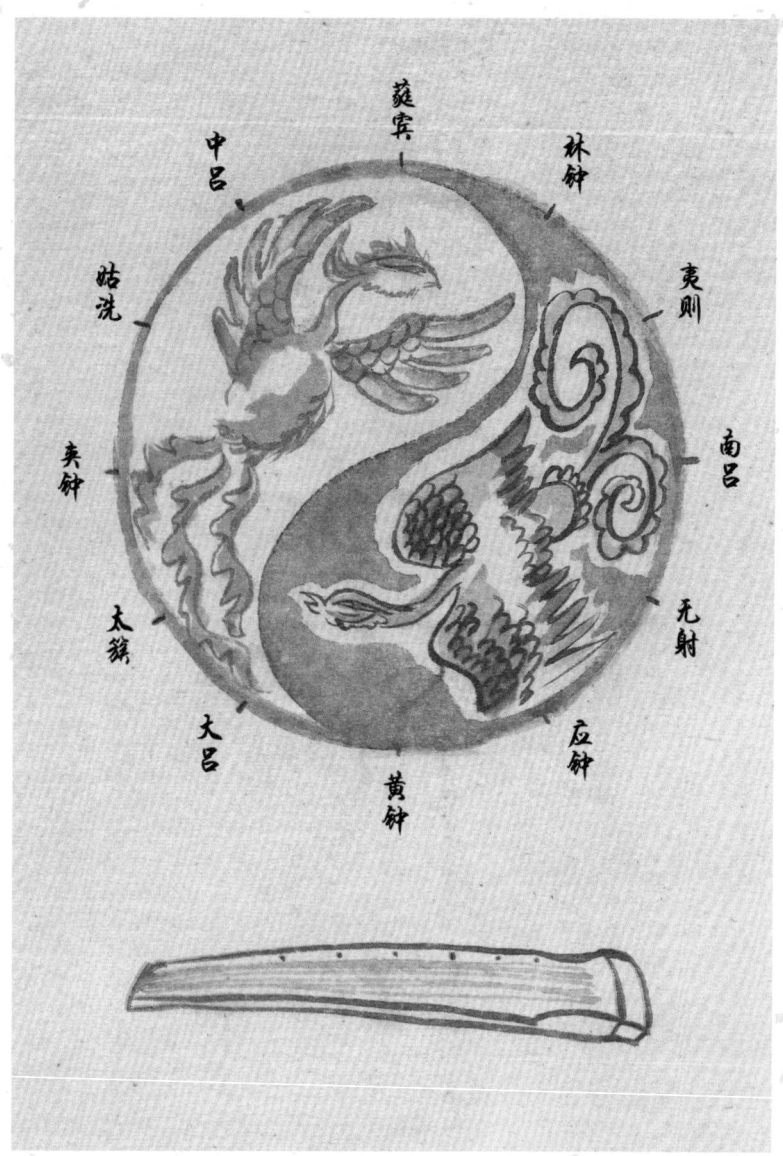

· 琴瑟合鸣 ·

·仓颉造字·

·夸父追日·

·后羿射日·

・嫦娥奔月・

·牛郎织女·

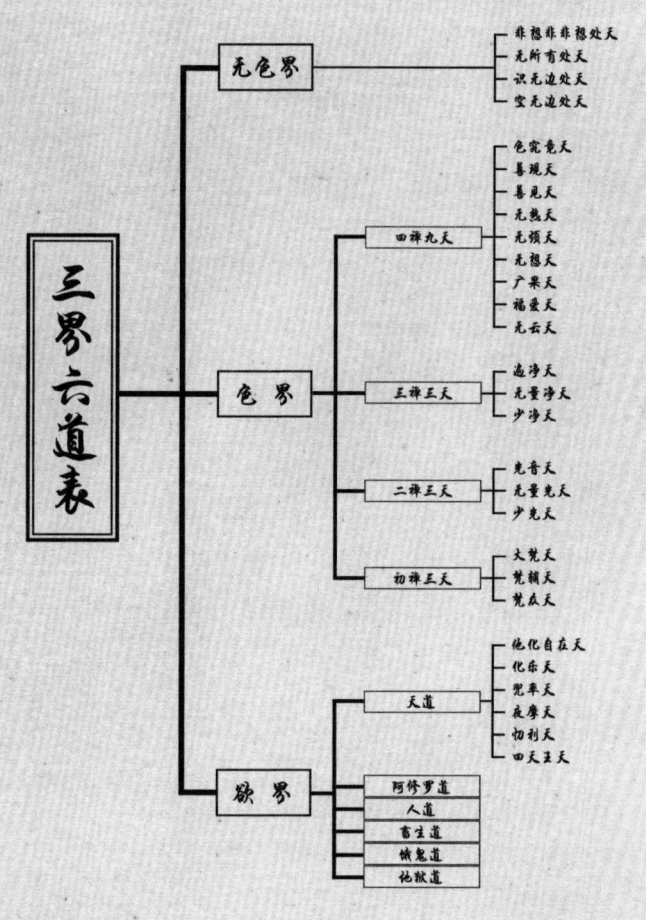

· 三界六道 ·

斗建乾坤終始圖

· 斗建圖 ·

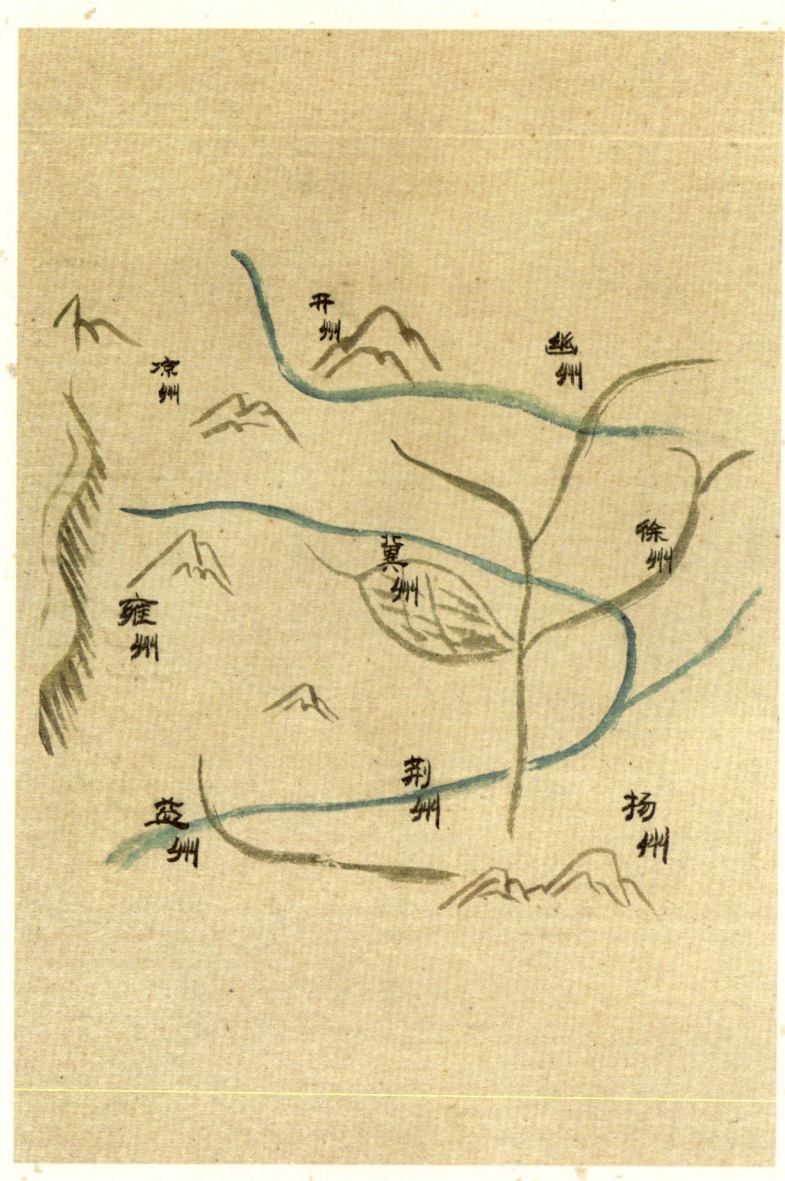

·九州图·

改变，从心开始

立 品 图 书·自觉·觉他
www.tobebooks.net
出 品

文字之道

华夏汉字探源

余和群/著

中国友谊出版公司

图书在版编目（CIP）数据

文字之道 / 余和群著 . -- 北京：中国友谊出版公司，2016.1
ISBN 978-7-5057-3659-7

Ⅰ．①文… Ⅱ．①余… Ⅲ．①汉字－研究－中国 Ⅳ．①H12

中国版本图书馆 CIP 数据核字（2015）第 297539 号

书名	文字之道
作者	余和群
出版	中国友谊出版公司
发行	中国友谊出版公司
经销	新华书店
印刷	三河市华晨印务有限公司
规格	880×1230 毫米　32 开 6.75 印张　100 千字
版次	2016 年 3 月第 1 版
印次	2016 年 3 月第 1 次印刷
书号	ISBN 978-7-5057-3659-7
定价	58.00 元
地址	北京市朝阳区西坝河南里 17 号楼
邮编	100028
电话	（010）64668676

序　返本还原，再建基石

易菁

中华民族有着悠久的历史和灿烂的文化。我们今天所说的五千年的文明都是有历史和文字记载的，中国的文字对于中华文明的传承与发展起到了不可磨灭的贡献。文字起源于上古，带有上古人天文明的血脉而一传至今，历经时代和朝代的变迁更迭而灵魂不改。文字是中华文明的基石，是载体，是工具，也是组成部分。

今天我们要复兴中华文明，必须要站在中国文化的立场上给自己的文化一个庄重的声明，给文字正名，如此才能传承文化和思想，才能和五千年前的文明对话，才能使得文化的血脉不至于中断。

我们今天所用的文字和几千年前祖先留下的经典用的是同样的文字，仅此一点，就是世界文明历史上的奇迹。中华文明，作为世界上唯一没有中断的古老文化，文字起了决定性的作用。汉字是中华文明的精髓。

今日之世界，多元文化并出，各种思想交汇，汉字和古老文明一样，都遭受了巨大的劫难，面临着许多新的挑战，这是对中国文化和汉字的合理性的挑战。

中国文化"究天人之际、通古今之变"，人天关系的阐发是其主要特征，道德是其核心。在今天世界文明大重合的时代，地域会有差别，但是我们头顶的天空是相同的，中国文化和文字必将以其对人天关系的揭示和效法而得到世界各民族文化的认可。中国文化和中华文明的建立是以其达到了人天的统一而为标志的。今天，传统文化要发展，不是改造或者嫁接，而是必须还要回到统一人天关系上。只有回到这个活水源头，中华文明才能再现生机。历史上文化的每一次发展和持续的进步，都是回到源头而重生的。

今天我们弘扬传统文化，振兴民族教育，也必须要回到源头上去，希望回到道德的基点上去。中华文明要继承和发扬，汉字必须到位，必须要站在其本身应有的高度上，许许多多的问题必须要回到起点才能解决。

今天我们倡导汉字文化，是为了在基础的教育中贯穿中国文化的世界观和方法论。从识字开始，使汉字的教学跟天人合一的世界观相结合，和孝道相结合，和礼仪相结合，和自然相结合，和生命相结合，和道德相结合，以期从一开始，就在孩子的心灵中把中国文化的灵魂确立起来，使孩子的心灵回归自然，回归家庭，回归社会，回归一切能够有助于符合自然、尊重生命、完善人格、启发蒙昧、培养智慧的地方。

不仅是孩子，成人亦然。而这一切的实现都建立在先要把文字回归到其本来面目的基础上，先使得文字的血脉畅通，然后才能谈得上输送营养和健康成长。这是我们研究文字及其教育的目的和意义所在，是为序。

目 录

001 前言　中国文字的世界观

001　第一讲　汉字字符的意义

003　一、字符符的是什么

006　二、字符不能用拼音来取代

009　三、文字是天象地形的概括凝结

014　四、字符蕴含精神信息和生命能量

018　五、字符中的内外之象

023　六、字符的简繁不是关键，关键是"道义"
　　　还在不在

029　第二讲　文字的三才之道

032　一、文字字形的起源：在天成象，在地成形

036　二、音不可伪

039　三、形音相会而生义

045　第三讲　文字的起源

047　一、伏羲画卦，一画开天

050　二、文字和文明创立的目的

053　三、结绳记事是人天关系的反映

059　四、"鸟兽之迹"与造字

064　五、仓颉造字与"天雨粟，鬼夜哭"

067　六、"绝地天通"与文明的归向

069　第四讲　文字的体系结构

071　一、五百四十部首

077　二、音韵与声律

080　三、义在字中

091　第五讲　造字方法："六书"

093　一、象形

098　二、指事

099　三、会意

102　四、形声

105　五、转注

109　六、假借

113　七、"六书"的整体结构

117　第六讲　说文解字：从"人"到"仁"
119　一、说文解字
123　二、从"人"到"仁"

139　第七讲　"言行举止"——君子之枢机
141　一、"言"为天地法度，亦为人之心声
147　二、行：阴阳之道路也
149　三、举：同心协力
151　四、止：止于至善

161　第八讲　"宇宙"与"道德"
163　一、宇宙：四方上下，古往今来
165　二、道德：在天为道，在人为德
171　三、孝顺：德之本也，教之所由生也
174　四、父母：生命之源
176　五、目的：日月同辉，斗转星移

189　结束语　文字载道

前言 中国文字的世界观

中国文字的世界观,就是应该站在一个什么样的世界观下,以一种什么样的文化背景和心意去看待中国的文字。这是一个立场问题,即汉字的文化立场,也是作为一个中国人的文化立场。我们今天学习研究中国文字,是透过汉字本身去解读我们祖先对世界的看法,融入他们的精神领地,承接他们的生命情态,让每一位炎黄子孙寻回自己的文化家园。同时,中国是四大文明古国之一,汉字也是全人类的共同智慧宝藏。今日之学人,当以如此之使命,殷切之心愿,重树中国文字的世界观,以期为人类文明的传承作如是努力。

一、汉字的文化立场

谈起文化与思想,就离不开世界观。一个民族的文化有自己的世界观,文字也有自己的世界观。面对汉字,首先,我们不能用西方文字学的理论和方法来衡量汉字。两者可以比较、参考,但是西方文化不能作为汉字的标尺。因为汉字和西方文字不是一个体系，更不用说，汉字的起源和成熟远远早于西方文字。

其次，不能简单地认为，文字只是记录语言的符号。说文字是符号并无过错，但这个符号跟什么相符差别就大了。缺少内涵的人为约定和包含了阴阳之道、天人合一的世界观的符号系统之间，那就有天壤之别了。认识汉字，不只是识字，还要认识汉字建立的基础及其丰富的内涵。

在近现代，受西方文化的影响，出现了白话文和简化字，甚至出现了汉字拼音化的做法。这种对汉字的简化和轻视，使得我们渐渐忘失了汉字创立的基础、本源和目的，破坏了中国文化的载体和工具，加深了我们和传统文化的裂痕，使得人们离和谐的人天关系和传统道德越来越远。汉字受伤了，中国文化就受伤了。汉字没有了，中国就真的亡国了。

汉字是中国的文字，是中华民族和中国文化的象征，是中国人独有的文化特征，与中国文化同源同构。汉字既是中国文化的载体和基础，其本身也是中国文化的表现。汉字是和中国文化同步发展起来的，其历史就是中国文化发展的历史。从伏羲画卦、仓颉造字开始，经过甲骨文、金文、篆书、隶书到汉唐楷书的确立过程，也是中国文化从创立到顶峰的发展过程。在中国历史上，每一个伟大的时代，都有文字不变的精神及其繁荣发展。从汉唐到民国，经历两千年，文字一直是楷书。纵观历史，我们可以发现,文化的发展和流变相应地会伴随着文字的流变。今天我们要弘扬传统文化、振兴民族教育,必然也要从文字上回到中国文化的根本上去,继承和发扬光大。那么,中国文字的"根"在哪里呢?

二、两个线索

如何追溯汉字之源?有两个线索。

其一,众所周知,汉字是象形字,由此可以寻根。所谓象形者,在天成象,在地成形。汉字源于自然,和天地阴阳变化相关联。"天垂象,圣人则之"。汉字是随着阴阳世界观的确立同步建立的。回到天地阴阳之道上,就能够找到汉字之根。这也是中国文化确立的基础。在天为道,在人为德,天人合一。道德才是人类文明的基础和核心。天人关系是中国文化的基础,也是文字建立的基础。并不是在离开中国文化之外,另有一套文字系统,而是文字本身就是文化,中国文字和中国文化是同步发展的。

其二,古汉语是"文言"文,由此可以入道,所谓文以载道。我们知道,口语是衰变的,周期非常快。一个人所用的口语和他的生命周期相关联。在中国文化中,人生三十年为一世。世表示时间,界表示空间,世界表示时空的变化。

世（小篆）　　卄（六书通）

　　小篆的"世"字本身由三个"十"字连在一起组成。《六书通》中直接有用三个"十"来组字的写法，而我们今天的楷书则由"十"和"廿"组合而成。用《说文》中的说法就是："三十年为一世，从卅而曳长之。"

　　这一"世"三十年，既是父子相继，差不多也是口语的衰变周期。我们小时候的常用词"上山下乡"，今天的孩子就不知所云。现在的流行语把"东西"称为"东东"，还有很多的网络词汇，放到三十年前也是不可理解的，可见口语的衰变是非常快的。为了文化的统一和传承，我们的祖先在口语之外独立地建立了稳定的"文言"。"文言"是书面语言，历千年而不改，使得我们可以跨越时空，直接和祖先、上古的文明对话。当我们今天读到"天行健，君子以自强不息"的时候，依然能直接地感受到千年文化的一种力量。

　　那么，为什么把古汉语称为"文言文"呢？所谓"文言"，出自孔子为《易经》所作的传。文言是《易经》之十翼之一，是专门说明乾坤两卦的，"文言"是反映阴阳变化之道的。《易》是众经之首、大道之源。"文言"之"文"就是反映这种文化的文字符号系统。从这种意义上来说，不了解《易经》的阴阳变化之道，就不能说懂得和理解文言文。没有了《周易》，文字和汉语的基础就没有了。

三、汉字之源

伏羲画卦，是中华文明的开始。"一画开天"是中华文明的曙光，亦是文字的肇端。阳爻"——"和阴爻"— —"，是最初的人为符号，是文明创立的标志，也是最初的文字。

文字起源于画卦，起源于易。易有象、数、理三大内涵。易有万物类象，把万事万物归结为八种基本的卦象。易以阴阳变化分类取象，而取象归类的方法亦是汉字构造的基本方法。易象是文字的象形的基础，后世文字的发展和演变一直没有离开易的思想和方法。中国文化，"法于阴阳，和于术数"，伏羲画卦是其基础。仰观俯察，分别阴阳之宜，是文明的开始，也是文字建立的出发点。

八卦——万物类象，是最早的归类方法。建立在爻象之上的阴阳变化是最根本的分类，也是中国文化里最基本的分类方法。此亦是文字象形的基础，亦是部首的基础。

相传仓颉造字五百四十个。东汉许慎在《说文解字》中把收集的九千多个汉字分成五百四十个部首。所有的汉字都是用部首构建起来的。"水"、"火"二字直接源于坎离的卦象。今天，"水"、"火"更是两大部首，包括了众多的汉字。

（甲骨文）　　（金文）　　（小篆）

"水"的字形直接来源于坎卦的卦象（☵）。

（甲骨文）　　（金文）　　（小篆）

"火"的字形直接来源于离卦的卦象（☲）。

为什么要创立八卦呢？创立八卦乃至文字的目的是什么呢？以通神明之德，以类万物之情。人与自然、人与人以及人自身之间的全方位的物质与精神沟通、交流，是建立文明的目的，也是创立文字的目的和旨归。语言和文字不仅是人类交流的工具，而且应该是人与自然交流的工具，因为人是自然的组成部分。"天人合一、万物同源"是中国文化的世界观，这才是文字建立的真正基础。

汉字的历史是中华文明的缩影。从伏羲画卦、仓颉造字到楷书的建立，汉字和中国文化一脉相承。易是文字的源头，法于阴阳、和于术数，象数之理是建立文字的基本方法。汉字与易同源，汉字的历史是中华文明的缩影。从伏羲画卦，一直到汉唐时代楷书的确立，中国的文字发展到一个伟大的高峰。

这里，我想通过几个文字，特别是"文"、"字"这两个字本身，来说明文字的根本所在。

文:从亠从爻省,"亠"中的"一点"象征太阳,表示天空,"一横"表示大地,"亠"是天地之象;"文"的下部为"爻"字的省略部分,而"爻"就是《易》卦画中的阳爻和阴爻,表示阴阳相交。《说文》中说"爻"为:"交也;象易六爻头交也。"金文的字形还在字的中央位置放了个象形的"心"字,表示"文"要用心去观察。"文"的字音通"闻",表明不仅要看到图象,还要用耳朵去闻,去听"文"的音。因此,"文"的字义是"天地阴阳相交","文"的字形、字音本身就在说明文字取象于天地,因阴阳变化而来。"文"是天地文明之象,使人和天地产生共鸣,化育万物。

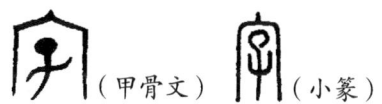

"字"的字形:从宀从子;"宀"是一个字,形如张开的双腿,是生门的象形,也可以含蓄地说成是"屋中之象",其字音同"娩",字义就是分娩的意思;"子"字就是一个小孩子的象形字。因此,"字"的字义就是生孩子,其读音同"子"。《说文·序》说:"依类象形,故谓之文。其后形声相宜,即谓之字。""文字"的基本意思就是天地阴阳相交化生万物,其所指不只是文字所指的对象,而且也包括文字本身。先有文,后有字,字是文生出来的。文字本身也是从天地的阴阳变化中生出来的。中国文化博大精深,包含了许多精妙深邃的道理，这些道理和文字相关联，并且包含在文字之中。

再从"学"与"教"来看教学。"学"什么？"教"什么？

"教"、"学"两字，都离不开"爻"。可见教学的内涵同样在于阴阳及其变化。在"学"字的这个甲骨文字形中，是"两只手在操作爻"的意思。在金文和小篆的字形中，上部是"两只手形中间一个爻"，下部是个"字"。学者，效也。在今天的北京方言中，仍然把"学"读做"效"音。学者，亦是从觉从子会意。学习，就是要让孩子们、让子孙后代觉悟。教，从孝从攴。而孝字，从爻从子。孝的基本意思就是效法自然、生生不息。《孝经》中说："夫孝，德之本也。教之所由生也。"我们的祖先把中国文化的道理构造在汉字之中。

对于汉字的起源，古人做了精深的总结："太昊德合上下。天应以鸟兽文章，地应以龙马列负图。于是仰观象于天，俯观法于地，中观万物之宜，始画八卦。卦中有三爻，因而重之，为六十有四，以通神明之德，作书契以代结绳之政。书制有六："一曰象形，二曰假借，三曰指事，四曰会意，五曰转注，六曰谐声。使天下义理，必归文字，天下文字，必归六书。"这里对文字的起源、造字的目的和方法都做了清晰的说明。汉字源于仰观俯察，依天地阴阳变化而造。造字的目的是为了通神明之德，类万物之情。造字的方法是依靠易的六爻变化，总结为六书。

传说中，有汉字起源于鸟兽之迹的说法。这里，我对"鸟兽之迹"作一个概括的说明。所谓"鸟兽之迹"，其意有三：（一）鸟兽的形状、羽毛与足迹。（二）鸟兽的生活、运动规律。鸟：南北方向冬夏迁徙。兽：东西方向昼伏夜出。（三）泛指天文四象。鸟指南方朱雀，而兽指西方白虎。另外，图（龙身）指东方青龙，而书（龟背）指北方玄武，三者一致。我们之所以这样解释，是基于中国文化统一的世界观的考虑。"鸟兽之迹"不仅是指鸟兽的足迹，也要回答鸟兽为什么有这样的痕迹。

万象归于四象，文字起源于天文，所谓"天垂象，圣人则之"。

四、说文解字

因为汉字和易，和中国文化同源同理，所以我们可以用中国文化的世界观，用易的理论和思想方法来说明和解释中国文字。同样，我们也通过文字本身，来了解中国文化的思想方法，以文入道，完成教育和教化。正所谓："观乎天文，以察时变；观乎人文，以化成天下。"天文表示时空的变化，当然也是人事的变化。

下面，我们效法古人，说文解字。通过一些具体的汉字的解说，来说明汉字本身所蕴涵的中国文化。

例如：动（動）和静（靜）。

動（小篆）　靜（小篆）

動：从力从重得音会意。我们从经典物理运动定律 F=ma 知道，在地球上克服重力是物体运动的原因。而两千多年前，中国文字把运动规律包含在生命的感受之中。

靜：从争从青会意。争：从爪从又从厂（音曳），引也；而青从丹从生。"静"字在告诉后人：争是引导，是和谐，"其争也君子"。生命之"丹"在阴阳的对待中相和而生。静是阴阳中和之道，亦是炼丹的要诀和生命修炼之法。

由此可见，汉字中包含精深的道理，是古人智慧的结晶，不能简单地归结为记录语言的符号，更不能轻易地简化。

口语在衰变，文字也在衰变。進简化成"进"，滅简化成"灭"，選简化成"选"，淚简化成"泪"。简化字的问题在于丢掉了文字的文化背景，造成了文化的断层，破坏了文化的工具！

识字就是通过说解文字来学习传统文化的基础和规范，阴阳五行的道德观是文字的基本内容，就是基础和规范性的工作。打好文字的基础对于孩子们今后的学习是非常重要的。在我们学校的所有课程中，关于文字的教学都是按照传统文化的方式解说的。

我们的教学实践一改识字的枯燥，为孩子们所喜欢，为成年人所感叹。汉字成为我们学习传统文化的有力工具。从识字开始，学习汉字就是学习中国传统文化。

五、文字载道

汉字是中国文化的载体，亦是中国文化的组成部分。汉字构造的原则、思想方法和中国文化的精神是一致的。中国文化的世界观就是汉字的世界观。易是汉字的源头，法于阴阳、和于术数，易学的象数原理亦是文字的原理。汉字载道：汉字里面蕴涵了中国文化的道德精神，学习汉字就是学习中国文化，可以认识世界、提升道德、完善人格。中国文化是合道的文化。让我们回到中国的文化的源头，从汉字的内在结构和基本方法中去认识中国文字的博大精深，重新确立汉字乃至中国文化的世界观。

第一讲

汉字字符的意义

首先，要讨论一下我们中国的文字——汉字——作为字符本身应该具有什么样的意义。之所以先讲这个问题，是因为我们对文字的思考、学习和研究也是从这个问题开始的。这就是如何看待文字，也就是文字的世界观问题。

一、字符符的是什么

文字是文化的基础，汉字是我们了解和学习中国五千年文明的工具，是文明传承的载体。载体和工具要是出了问题，文化和文明的传承的问题就大了。现实的情况就是这样：我们这一代人，如果要想了解祖先的文化，学习古人的思想，光靠今天所学的现代文字和语文是不行的，我们还得学习"古汉语"，学习"文言文"。现代汉语虽然是我们的母语，但是已经不足以让我们了解自己民族的历史和文化了，这种情况的发生只有一百年左右的历史。就在一百年前，我们民族的文字和文化还是和五千年的传统相一致的。

我们的感觉是：今天的文字没有了精神和灵魂，没有了传统，只剩下一个空壳子。只知道文字是语言的符号，不知道符号的意义，不知道作为符号其真正相符的是什么。

从文字的教学来说，学习文字的目的是什么，我们好像也不太清楚。今天识字的人比过去多得多，人们的知识好像也比过去的人多得多，但是现在的学生好像都不会写作了。今人的道德水准反而出了问题，不如过去了。教师教学生识字只讲这个字怎么写、怎么读和在课文里是什么意思，但是却不讲这个字的由来、道德背景和文化意义。这些问题的出现都是因为我们轻视了传统，不了解汉字的真正意义所在导致的。

近三十年来，中国发生了巨大的变化，我们这一代人见证了国家的改革开放和经济的发展，更期待着民族的崛起和文明的复兴。在和世界上各个民族文化交流的过程中，面对当今社会所遇到的种种困境，我们深刻地认识到只有民族的才是世界的。我们急切地需要恢复我们的传统，从中国五千年的优秀民族文化中汲取智慧。

我们需要赶紧修复文字这个工具。在今天的主体教育中，并不讲解汉字的由来，虽然也说汉字是象形字，但是并不深究象形字的真正意义，主流教育体系里面没有传统文字的内容。我们今天所学所用的文字和传统汉字之间已经有了巨大的隔阂。文字尚且如此，更不用说以文字为基础的文化、历史和思想了。

学习汉字并不难，关键是要追根溯源，以"天人合一、万物同源"的思想和阴阳五行的世界观作为指导。汉字和中国文化不是独立分开的，文字是基础，和整个文化是一体的，其本身就是中国文化的组成部分。中国文化的道理就是文字的道理，文字和文化同构，中国传统文化的世界观就是文字的世界观。

现在很多人对文字的分析和解说都有一个前提和背景，大家讲的都很有理，只是层面有所不同，总起来是相通的，最终要统一到中国文化的世界观上去。中国文化的包容性也体现在文字上面，即便是在今天信息化的时代，汉字依然表现出巨大的适应性和生命力。这都是由于汉字的种性决定的。中国文化来源于自然，文字也源于自然，所谓"道法自然"。从自然中生发出来的中国文字，当然也最适应自然的发展，也最适合表现自然。

我们常说中国文化有上下五千年的历史，根据是文字，这是指中国有文字记载的历史有五千年了。那我们可想而知中国的文字应该有更悠久的历史。中国的文字不是我们这一代人发明的，其内涵和意义也不是我们说有就有的，说怎么样就怎么样的，但是却有可能在我们手里失传。我们对文字的学习过程就是用中国文化的思想和方法来整理文字，在学习的过程中重新认识失传了的汉字，进一步地了解汉字和中国文化的博大精深。

我们不是用今天的文字学理论作为指导来研究汉字的，而是先用中国传统文化的世界观——我们自己的汉字文化来看汉字。

这样的学习过程非常简单、非常快。为什么呢？因为早在几千年前，汉字就已经是一个发展成熟的文字体系。东汉的许慎，写了一部《说文解字》，这是我们今天还保存的第一部关于汉字的字典，距今也有两千年的时间跨度了。《说文解字》用五百四十个部首系统整理了九千多个汉字，说明了汉字的历史起源、造字方法以及每一个文字之间的相互关系。其思想和理论高度是今天编的字典远远达不到的。

我们采取的方法就是：先把和中国传统文化的世界观相一致内容提取出来，加以整理。在学习整理的过程中，我们发现用传统文化的世界观、天人合一的思想、阴阳五行的规律看文字，结果我们看到了汉字的博大精深，看到了古人的格物致知，看到了古人的思想道德。从一个个文字中看到思想、精神和历史的凝结，更体会到了先人创立文字的目的和文字的教育意义。

二、字符不能用拼音来取代

随着我们对汉字的学习和了解的深入，就越发感觉到了一个严重的问题。在我们今天的汉字教学体系中，从小学到中学，甚至大学，我们把传统文字的背景和精神都当做糟粕抛弃掉了。曾经在小学的语文课本里，每隔几个字用一个拼音代替一个汉字，非常像今天的小学生写日记，遇到写不出的汉字写个拼音来代替。

可见当时的汉字受到了怎样的对待，汉字只是被当做了一个记录语音的符号。既然如此，就想当然地认为汉字是越简化越好，甚至可以用拼音去取代。

今天，用拼音取代汉字是停下来了，但是在小学的课本里，拼音是被"永久确定地"注在了每一个汉字的头上。在汉字上面注上拼音会产生什么影响，还需要我们深入仔细地研究，但至少有一点东西是多出来了，为了学习和认识汉字，先得学习拼音。一个字怎么读，先得看拼音，这样在汉字和思维之间就多了一层东西。虽然只是一点点，但却可能影响深远、隔阂巨大！关键是影响思维，汉字的形、音、义不能在我们的大脑中直接点燃，还要经过拼音（其本身也是符号）过渡一下，这件事情值得我们深思！通过拼音认识汉字会对我们的汉字思维产生影响，会产生隔阂和依赖！

比如，教孩子认识"妈妈"，我们可以指着一个"妈"字，对孩子说：这个字就是妈妈的"妈"，就可以了。如果写一个"妈"字，在边上再写一个"ma"，然后指着"ma"读"妈"的音。显然我们把事情搞复杂了。"妈"字本身有音符，从女马声。看着字，就知道怎么读，现在多出了"ma"。

这件事怎么说呢？在小学幼儿人生初次识字阶段，在汉字上加上拼音让孩子们认读，是老师和家长想让孩子自己学，有偷懒、有想省事的心态。成年人遇到不认识的字，在边上注上一个读音，还算是一个可以理解的简便方法，让孩子通过拼音去识字，简直是不负责任！

文字的读音是要靠老师教的，靠人带着读的，非拼音文字的读音更是如此，要靠口耳相传的。这个口耳相传的过程不能省略，不能被越过，不能用机器般的标准化流程去取代。识字不只是简单地辨声发音记忆，而是学习和文化传承的最基本单元，是要用心灵去引导，用情感和情境去传递。

因此我们要认识到：在汉字传承的过程中，汉字的发音这个环节是在书写字符的过程中靠口耳相传完成的。因此，给汉字标上拼音就不仅仅是一个关于怎么读音的技术问题了，而是关系到汉字的字符和拼音的字符哪一个更根本的问题了。如果用拼音来标识汉字的读音，那就是说拼音字母比汉字的字符更根本。从文字和字符的起源的角度，这应该是一个重要的问题。教小孩子读书识字，是中华文化传承的最基本的环节，我们应该格外慎重。

在华夏学宫所刊印的儿童蒙学课本中，是不用拼音的。不认识的字，教师带领着读几遍就学会发音了，不存在识字上的困难。再说了，读书识字过程中的节奏、语调、语感、情怀和品德，更不是拼音所能标注的了。既然蒙学课本都不需要，那其他书籍就更用不上拼音了。

三、文字是天象地形的概括凝结

说了汉字的读音，再来看看汉语的文法。二十世纪七十年代我在初中学英语的时候，老师讲英语的主语、谓语，我才知道语法的概念。到了高考复习的时候，才知道汉语里面这个是主语，那个是谓语、宾语、定语等等，我才知道汉语里面也有语法。现在仔细想想，汉语里面的语法完全是从英语里面借鉴过来的。古代中国人可没有什么主语、谓语的，我是先学的英语才知道有主语的。今天我们学习现代汉语，包括我们学习语文时，也有主语、谓语。告诉大家，这个理论是从西方的语言学借鉴过来的，是汉语中本来没有的。

因为这么多年与传统文化的隔阂，再面对文字的时候，我们对传统的汉字理论可以说是完全不认识了。这样说是不夸张的，至少在我们的主流教育体系中，在小学、中学甚至大学的教材体系里面没有说文解字的内容。什么是天地阴阳的变化？根本就没有这个概念。天人合一的世界观没有了。今天我们认识的文字只不过是记录语音的符号，比如说"我是一个中国人"。只要能把这个记录下来就行了。这种观点本身就是西方的，因为西方的文字是拼音文字。

世界上各个国家都有不同的符号和文字。说文字是记录语音乃至记录语言的符号,这是我们今天对文字的普遍看法,本身并没有什么问题。可以从这里入手,但是仅仅用这种观点看待中国的汉字还是不够的。汉字固然跟汉语相关联,但是作为符号,汉字有其本身的特点。我们还需要对汉字这种独特的符号加以研究,汉字具有其他民族文字所不具备的特点。

汉字历史悠久,从古代的文字演变而来。我们今天说"仓颉造字",仓颉是黄帝的史官,那是多么遥远的事情啊!我们今天所能够追溯的最早的文字实物是商朝的甲骨文,其后有金文、篆书、隶书和楷书,到楷书的确立那也是两千年前汉朝的事了。往前看,商朝的前面还有夏朝,夏朝的文字我们还没有见着,而夏朝离仓颉的时代还早得很,那得是四五千年以前的事情了。汉字的历史实在是太悠久了。我们需要了解汉字作为一种字符,其最基本的含义是什么。

从符号表意的角度来看,比如说"你的答案是正确的"怎么表示?可以写几个字来表达,也可以很简单地画个√就行了,它也表示这个意思。表示一件事情,要是用符号来说的话,会有很多种,并不一定是唯一的。这个勾是从哪里来的?这是从英文里来的,是从"right"的第一个字母演变过来的,西学进中国时老师改卷子,对了批个"r",最后简化成对号。这是我学英文时老师教我的。

可见,要表达一个意思,如果从符号上来说,会有很多的表达。说到符号,在汉字中"符"的基本意思是信物。古代时候的兵符,就是拿一个六寸长的竹片,从中间破成两半,然后一人一半,到用的时候两块能合上,纹丝不差,见到了就是命令,认符不认人。

现在我们提出一个问题,把一个符号当做一个文字的依据是什么呢?凭什么我们称其为"符"?作为一个符号,和什么相合了才可以用来作为文字呢?也就是说,其基本的内涵是什么?

比如说符号的"符"字。

（小篆）

《说文解字》中说:"信也。汉制以竹,长六寸,分而相合。从竹付声。""符"字由两部分组成,上"竹"下"付"。"竹"是竹子的象形字,"付"则从人从寸,是"以手持物与人"的意思。"符"字从竹从付会意得声,有形、有声、有意义。

汉字里有象形的成分,以至于把汉字称为"象形字"。说到中国的汉字是象形字,也许有人会说埃及也有象形字,其他的民族和国家也有象形字。每次说到这里都要做一个解释,我们说中国文字是象形字,是属于中国文化的一个特有的概念。说其他民族的文字是"象形字"其实并不准确,因为"象形"二字有特殊的含义。说是"图形"文字,也不准确。因为在中国文化里,说到"图",那是指"河图",更是特有的概念。"河图"和"洛书"是中国文化的源头。

那么在中国文化里面,象形是什么意思呢?

所谓象形者,在天为象,在地成形。象形和天地的观念相关,这种观念可以从我们平时用词中体现出来,我们可以称"天象"、"地形",但没有倒过来"地象"、"天形"的说法。在天称"天文"、"天象",在地称"地质"、"地形"。象形和天地的观念相关联,而在中国文化中,地和天分别是阴阳最大的具象。因此我们说中国的汉字是象形字,最基本的含义在于象形和天地阴阳相关,象形字是在天地阴阳观念的基础上发展起来的。这不奇怪,因为天地阴阳是中国文化的基本概念,汉字和中国文化在本质上是一体的,本身就是中国文化的一部分。天地阴阳是中国文化的基本概念,也是文字的源头。

回到字符的概念上,我们说汉字是象形字的时候,是特指的。象形字取象于自然,在天为象,在地成形,远取诸物,近取诸身。我们要问:中国的汉字和什么相符?文字代表了什么意思?汉字作为符号的基础在哪里呢?

中国人把阴阳变化的道理放到文字里,把天地、自然、人物和事情的道理放在文字里,所谓观"万物之宜"。

比如说自己的"自"字:

凷（甲骨文）　自（金文）　自（小篆）　鼻（小篆）

《说文解字》中说"自"为："鼻也；象鼻形。"在甲骨文、金文和小篆中，"自"的字形就是鼻子的象形。那为什么要用鼻子来当做"自己"的表现呢？可以想一下，如果我们现在造一个字来表示"自己"，应该怎么造呢？作为自我概念的最基本的特征和表现是什么呢？

在传统文化的观念里面，作为一个活着的生命，其最基本的对自我的认知、对自我存在的最确切的感受是呼吸。生命只在呼吸之间，有呼气、没有吸气，生命就会结束。一气流行，化生万物。一气不来，即成秽臭。鼻子就是感知和表现呼吸的器官。在分阴阳的欲界生命化生的过程中，鼻识是最先出现的。在人体结构中，鼻子位于头面的正中，在"人中"穴的上面，而"人中"是阴阳任督两脉交汇的地方。现代医学也说在胎儿发育的过程中，鼻子也是最先长出的器官。这些可能是"鼻祖"一词的由来。用鼻子的象形来表现自我的"自"，是非常深刻的，是精神的道理和自然表现的巧妙结合。

当用鼻子的象形的"自"表示"自己"这个观念后，又造了一个"鼻"字表示鼻子。《说文解字》说"鼻"为："引气自畀也；从自畀。"就是呼吸以益生存的意思。这是众所周知的"鼻"字一字的由来。由此可见，汉字的字符蕴含了精深的道理，把感受和认知纳在字中，而用先民蒙昧的认知来解释汉字的起源似乎是不可想象的。

四、字符蕴含精神信息和生命能量

我们再来看看汉字的符号里面都有些什么。举个例子，有一个贼偷东西被发现了，要逃跑，这时有人大喊一声："给我站住！"贼就会被震慑到。"站住！"是个很严厉的事情，一喊就有威严在里面。从字面上看，仅仅是两个字而已，可是大家都知道，这种情况下自然地习惯喊"站住"两字，声音中蕴含了一种威严和力量。此可以从"站"字中一探究竟。

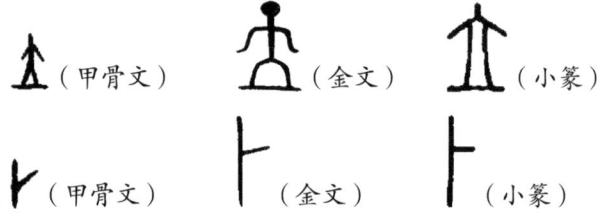

站，从立从占会意得声。这是一个典型的形声和会意字。怎么会意呢？这得从"画地为牢"说起。

周文王的时候，如果有人犯法，执法的官吏就地画个圈，当做"监牢"把犯人关在里面。这个管用吗？在今天肯定不行，犯人早跑完了，在当时就管用。除了人们遵纪守法的观念很强以外，还有一个最重要的原因，就是文王会"演先天数"。如果犯人跑了，文王会占卜把犯人找到，然后罪加一等。这个可以从"站"字中表现出来：让你站住就不要动，否则占卜了。在"站"字中，"占"是"立"住不动的保证。

中国近代有个留着清朝大辫子的老学究，叫做辜鸿铭。他在解读法律的时候说：你光讲法是没有用的，是没有力量的。"你这个人怎么一点都不讲法呢？"这样的话听起来一点气势都没有。得要加一个字说："难道没有王法了吗？"加一个"王"字，马上就起到了威慑的作用。大家可以去体会，试着比较一下"没有法"和"没有王法"的区别，这个力量差了很多。你在震慑别人的时候说"还讲不讲法了！"别人就会去笑你"什么法不法的"，又不是法律专业的。但是在中国人来说，这个"王"字一出，自然就有震慑的力量。这个"王"字上通天、下达地、中覆人世，所谓"一气贯通三才为王"。所以辜鸿铭老先生就讲了，中国不能没有王法。有人说他是保皇派，其实他保的是中国文化里面的一种观念，没有王算一个什么国家，即使是在蚂蚁的世界里也要有王，没有王就会乱成一锅粥了，有王才会有秩序。这个王在中国文化的结构里就代表了秩序和力量，一讲到"王"，天地人三才之道就在里面了，没有一个能跑出去的。只要是还在天地之间，听到这个"王"字，看到"王"字的符号就有能量在起作用，这个是我们要有认识的。

所以从这个意义上来讲，文字不只是语言的符号，我们更要知道它里面蕴含了一种自然的力量在里面，如果光说符号的话我们随便画一个都可以，但字符是会具有能量的。文化之所以能起作用，就因为文字中有内涵。

在中国文化中，"符号"、"图符"是非常厉害的。我们去泰山游学的时候就看过"五岳真形图"。《汉武帝内传》记载："道士执之，经行山川，百神群灵，尊奉亲迎。""五岳真形图"就是道教符箓，是道士的入山护身符。此符在身，走遍天下山川，无毒百邪，皆不敢近，可佑人吉祥。这个图符就蕴含着五岳的威严与力量，什么叫一览众山，就是心胸之中与五岳的威德同感，有此心念，万物当然尊敬你。图形就是符号，五岳是群山之王。"五岳真形图"可以号令天下群山，是因为你有和五岳相应的尊德！直到今天，我们常见在居家关键处所摆上一个泰山"石敢当"，也正是用了这个道理。"石敢当"一立，立的就是五岳至尊的威严与力量，立的是人们心中同尊天地的敬畏与正义！泰山"石敢当"信仰的民俗从古代延续至今，也正是人们心中尊重天地自然、向往平安幸福的心愿的体现。它不是一件艺术作品，而是同字符一样承载了中华文明的品德与人文精神。

中国的文字是很奇妙的。知道了这个道理，要有品德，才可以出去做老师，也可以去帮人写护身符了。乾卦的卦辞是"元亨利贞"，象辞有"自强不息"，因此，我们可以写一个"元亨利贞"，或者"自强不息"送给别人，表达美好的祝愿，也可以当"护身符"使用。因为文字里面蕴含了天地的道理和信息。如果没有品德，人都做不好，还想感召鬼神，那是不可能的，只能是有害无益。一个读书人，只要做得正，写个"王"字带在身上，什么都不用害怕；如果你做不正，带什么都没有用了。

作为符号，文字最基本的内涵是什么？是符合了天地之间的道理，把这个信息放在符号里面。我们中国人之间相互交流的基础是什么？就是天地之间的道理蕴含在文字之中，然后我们再拿这个文字做相互之间的交流，这个意义就不同了。所以文字的本身是一个符号，其出现不是偶然随便的，那我们就要思考这个符号建立的基础是什么？

在中国文化里，文字不是简单的无意义的"约定俗成"，最早的文字都是基于这样的考虑而建立起来的，文字之间有着它的信息和符号。所以在教导小孩子的时候，一个很重要的内容是惜字。我们看《俞净意公遇灶神记》，主人翁的一生十分坎坷，家中也遭遇了很多的变故，他做了什么十恶不赦的事情吗？按我们普通人的观念来讲，也没有，他也不是坏人，但是站在读书人、文化人的角度，他不敬字惜纸，而受到了折福损家、殃及子女的果报。字为世间至宝，圣贤道脉依字传承千古，凡、圣、愚、智由字成德达才，字纸之中，皆有天地日月之字，圣贤经书之文。所以，古代读书儒士，必定恭敬书籍与字纸，感字之恩德。现在许多地方仍保留有敬字亭、惜字塔，其所展现的正是中国人尊圣崇学、敬字惜纸的文化。因此,我们知道在中国文化里,惜字是非常重要的。

作为学习中国文化的学生,在启蒙教育就应当有这种爱惜文字的思想。我们今天只知道纸笔来之不易,但其实古人每造出一个字来都是极其不易的。因为每一个文字都精妙地诠释着他们对天地阴阳的解读,饱含着他们与万物相融一体的情怀乃至与神明德性至真的感应交道。所以讲到文字之符就必须要了解文字的起源,每一个文字是怎么产生的,这一点非常重要。即便我们在一些具体的字符上,在许多细节上还有待于深入的研究,但是探索文字的基本意义,展现文字的文化背景,还原文字本有的天道物理,一定是我们教学的主导思想。我们需要站在中国传统文化的立场上,把文字的这个道理讲清楚。通过学习中国文字通达中国文化,通过运用文字传递我们的情智,通过书写文字延续文明的传承。

五、字符中的内外之象

导致了很多巨大的障碍,最后痛改前非,完善自我。因此我们知道在中国文化里面,惜字是非常重要性的。

《千字文》在中国历史上是一篇很神奇的非常优秀的蒙学经典读本,由一千个不同的字组成。从"天地玄黄、宇宙洪荒"开始,用韵文对中国文化的天文、地理、历史、风土人情等等做了系统的概括，结构巧妙、内容丰富、顺理成章，如同一幅扇面一般，把中国文化依次打开，引人入胜。从文字的角度看，《千字文》得益于汉字强大的表现力，周兴嗣一夜白头，殚精竭虑，次韵出传奇的《千字文》，也彰显了汉字的力量与美。

也曾有人编过一篇文章，通篇只有一个读音。"石室诗士施氏，嗜狮，誓食十狮。施氏时时适市视狮。十时，适十狮市。是时，适施氏适是市。施氏视十狮，恃矢势，使是十狮逝世。施氏拾是十狮尸，适石室。石室湿，施氏使侍拭石室。石室拭，施氏始试食十狮尸。食时，始识十狮实十石狮尸。试释是事。"只凭读音很难听出来意思，可是一看文字全部都是同样的发音。虽说此文虚构无趣，却也表现出汉字音义强大的适应性，一个读音一篇文章就出来了。

在中国文化中，有许许多多精美的诗歌和文章，其中蕴含着丰富的思想、智慧和情感，记载着社会、历史和人生，所有这些都是用汉字来承载的，没有汉字，中国文化是不可想象的。所以我想在这个文字课里面，先从我们今天中国的文字出发，把现有的文字的特点及其文化内涵讲清楚。

举个字例，領導的"導"字。

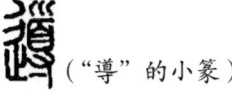
（"導"的小篆）

这个字很好解释，《说文解字》中说："導，引也。从寸道声。"

導,从寸和道会意得声。"導"字的字形上面是个"道"字,下部是个"寸"字,其字音从上部的"道"字而得,其字的本义为导引。具体地说,就是指有关人体气血运行的导引术。引申为指导,也可以指领导、导师等。用此来解释领导的含义非常直接:作为一个领导,首先要有道,道德是基础啊,没有道了怎么去领导别人?

"導"字底下是一个"寸"字。寸是什么?

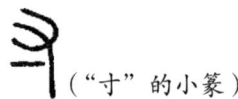

("寸"的小篆)

《说文》中说寸:"十分也。人手却一寸,动脉谓之寸口,从又从一。""寸"的本义是手腕下面一寸位置的经脉,也叫寸口,这是导引的关键。因此我们知道,要当好领导,光有道还不行,还要知道气的运行和阴阳变化,还学要会把握分寸,要有方法和艺术。"導"这个字,通过道和寸两个字来会意。

有了这个文字的基础,在解说"導"这个字的时候,在教一个孩子学习这个字的时候,就把这个道理告诉他。中国文字也是这样的,怎么去教导别人,就是讲"道理"和"分寸"啊。要知道中国这个文字很了不起,什么东西都放在这个字里边。当领导,就要修道,要合道,要有道理;底下呢,还要把握行为,把握分寸。

进一步地分析,分寸是什么?这个"寸"字是怎么来的?寸是个典型的指事字,是在"又"字的下部加上一个"一"字作为指事符号来表示的。

X（甲骨文）　　ヨ（金文）　　ヨ（小篆）

上面是"又"字。《说文》说其是："手也。象形。""又"字就是右手的意思。可是右手为什么画成这样的字形呢？从直观上来讲手的典型形态是五个指头，可是"又"字为什么好像是三个指头呢？这个里面是很有意思的。从文字的取象中可以看出，手都有五个指头，可是这五个指头并不是区分左右手的关键。区分左右手的关键是经络气血的流动，是阴阳经络的区别。现在我们从《黄帝内经》知道，手上的经络分手三阴、手三阳，左右者"阴阳之道路也"，"又"字的象形就是表现手上经络的象状。外表看，手有五个指头，深入到手的内部，是经络在支配这手的运动，由文字可见古人的对左右手的刻画更深入、更根本，这个"又"字的字形是手上三条经络的标志。

我们看"寸"字就是用"又"和"一"来指事的。这个"一"具体形象地表示"寸口"在手腕下面的位置。"寸"表示手腕上脉的寸口，由此可见，"又"表现的就是经脉。

ヨ（"右"的小篆）　　F（"左"的小篆）

把"又"字的字形左右反过来就是"左"字的字形，上图是"右"字和"左"字的原型。这不是猜测，而是依据古书的记载和中国文化的世界观作出的合理推论。

说到猜测，顺便看一下"猜"这个字。猜，从犬从青会意。青，是情之省略，所以猜是动物的情态，所谓狐疑不信是也。做人要去掉动物的属性，加入人的理性智慧，建立人的情态。为什么叫"两小无猜"呢？那就是因为纯真、有信有情啊！

那么，什么是人的情态呢？内在的是心，外在所表现的文化形态是语言。心是良心，是理性，是道德，是人情的根本。骂一个人没有良心，就说他和畜生一样。人的情态就是内心和语言的一致，就是心口如一，就是诚信。

所以，在中国文字里，从近取诸身、从身体的取象而言，不只是看到了身体的外在形状，而且还能看到身体内在的不同结构，而左右经络的区分体现了古人对生命的阴阳分类的认知。从天人合一的角度来看，身体分阴分阳，宇宙也分阴分阳。无论是"日"、"月"，还是"水"、"火"，或者"牛"、"羊"，或者"手"、"足"，文字是依着阴阳变化的自然规律来取象、发音、得义的。阴阳划分是象形的基础。我们将在本书的各个部分尽可能详尽地展示这种美妙的文字图景。

再进一步来看"手"这个字。

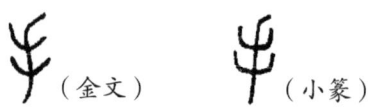

《说文》中说"手"是："拳也，象形。""手"字的字形是两

个"又"相叠而成,所以"手"字形外有五个手指头,内含三阴三阳六条经络。由此可见汉字取象的精妙,在"又"(本身是手)和"手"之间,各有所指,特点明显,关系明确,外在生动形象,内里有条不紊。如此精妙的取象与思维,实在不是今天的画图画画所能比拟。

六、字符的简繁不是关键,关键是"道义"还在不在

"導"字说完了,再来看"导"字。众所周知,前者是后者的繁体字,后者是前者的简化字。为了说明问题,我们先把它们之间的"简化"关系"忽略",先把两个字各自独立研究一下,然后再来讨论其间的关系。

"导",字形的上面是个"巳"字,下面是个"寸"字。从传统文化的角度,巳是十二地支之一,根据斗建乾坤终始图,"巳"的方位正好对应着十二消息卦之中的乾卦,是阳气从一阳来复发展到纯阳乾卦的终点,也是阴气开始形成和发展的起点,"巳"是阴阳转化的一个关键点。在传统术数中,"巳"是一个重要的生命参数。一阴一阳之谓道,若以"巳"字此义和"寸"字会意,倒也能够表示阴阳乾坤终始变化的道理。如此看来,"巳"字和"道"字隐约相通,"导"字和"導"字也可以互相借代。

如果能以传统文化作为背景来这样理解和表现,那么写出一

个"导"字,也是具有能量和信息的,并不失去文字作为字符的意趣,问题是你的心里得有这个文化思想。如果没有这个文化背景,把传统的世界观从文字中去掉,那么文字只是一个空的壳子。久而久之,其思想和意趣就丢失了,后世就不知所云了。

再看一个字"義"。

（小篆）

怎么解啊?《说文》说"義"为:"己之威仪也。从我羊。""義"字的字形,上部为"羊",是善字的省略;下部是"我",从手从戈,戈是武器。"義"的字义从羊从我会意,以手持戈卫善为义。

说了"義",再看看"义"字,也可以从传统文化的角度做解读:"义",从"乂"和"、"两字会意得声。"乂"的字形,左一撇右一捺,像半个"爻"字,爻的意思是阴阳相交,而义的意思则是阴阳分明,表示事物发展的一半、到中点的时候阳升阴降开始分化,便于判别。其字音读作"義"音,其字义是刈草,就是除草,把杂草从稻田中除去的意思,可引申为判分阴阳,辨别善恶。对应着四季之秋,而秋主杀伐,在五行为金,在五常为义。

写完了"乂",再在上面加上一个"、"字。这个"、"不是简单的一个点,本身也是一个文字,读音如"主"字之音,其字形是灯中火焰的象形,其字义也是主要、要点的意思。因此,可以作如是解读:所谓"义",就是阴阳变化的要点及判分的关键所在。这个解释也还中规中矩。

今天讲到"意义"这个词,指的不也是这个涵义吗!如此看来,"羲"和"义"字形虽然不同,字义倒是可以相通的,再加上读音相同,从文字的角度看,"羲"和"义"这两个字有同义等效的地方,是可以互相假借运用的。

说到此,可以借着对"導"、"导"和"羲"、"义"的分析,谈谈对汉字简化的看法。

汉字简化有两大问题。其一是切断了思想的连续继承,破坏了文字的标准,我们今天越来越看到简化字存在很多问题,包括不利于民族的统一等等。可是从古代开始,历朝历代不断有人喜欢简化,特别是写书法,写着写着就"得意忘形",写着写着形状就无所谓了,对不对?书法是因着汉字的发展而出现的一门艺术,书家可以通过书法来修身养性、陶冶情操,甚至于以艺入道。不知道是古代的哪一个书者,在写这个"導"的时候有所感悟,结果就把这个简化字"导"写出来了,在写"羲"的时候把"义"写出来了。汉字在历史发展中,出现过大量的异体字。尽管如此,但是这些都不能成为汉字简化的理由。得意忘形是无可厚非的个人行为,而汉字简化不当则是破坏了国家和民族的文化标准,切断了文化和历史的传承。

汉字简化的另一个重要问题是失去了文字的文化和思想背

景,也就是失去了汉字的世界观。"導"和"義"是两个传统的正体字,载诸古籍。"导"和"义"是两个简化字,虽然是"新字",其构字部件和要素"巳"、"寸"、"乂"、"丶"也都是传统的文字,其构字方法也合乎六书的规范。问题的关键是在这两个字的变化过程里面我们要看其背景涵义,这个就是文化。字形可以变化,但是这种文化的背景不可在变化中失去。在汉字家族中,"導"是一个字,"导"也是一个字;"義"是一个字,"义"也是一个字;无论嫡出庶出,都是从中国文化中生出来的,文中所生皆为字也。理清了涵义,搞清了标准,"義"和"义"则可以适当通假,灵活借用,自然皆大欢喜。要是失去了这个文字的文化背景,那就不知所云了。今天看到很多古时的字都不认识,为什么?因为不知道它的背景。

如果这两个问题同时存在,既没有汉字统一的历史标准,又失去了汉字的历史文化背景和字符的道义,汉字就会因其失去内涵而为其他文化的文字取代,汉字就没有优势了。

面对今天汉字的现状,面对众多的简化字,以及简化字已然成为国标的态势,如何传承汉字文明,保证汉字作为中华文明载体的连续性和一致性,是一件亟待解决的事情。

这里问题的关键不是笔画的简繁,而是道义的存在。汉字作为中国文化的载体,其所反映的天人相应、阴阳变化、道德本体还在不在,作为字符,汉字还能不能反映这种符合关系,是问题的关键。简单地说，就是汉字的中国文化的世界观还在不在，是问题的关键。

怎么解决这个问题？答案是返本还原。只有回到汉字的源头上去，把脉络厘清，方有可能循自然之道，因势利导，解决问题，因为汉字和中国文化从来都是这么发展的。我们探讨文字，就是希望通过对汉字的研究，来阐发中国文字本然具有的文化背景和精深内涵，重新确立汉字乃至中国文化的世界观，为民族的振兴和文化的发展奠定基础。

因此，从汉字象形的思路一路追索，我们发现，无论是仰观俯察，远取诸物，近取诸身，汉字作为字符，其基本的涵义和特点在于，汉字不仅指称了其所指的事物，而且反映该事物的基本特征和规律。也就是说，汉字既反映了事物的名称，还反映了事物的实际情态，包括从外在的形态到内在的情感，从时间到空间，从物理、生理到心理，从阴阳五行的各个方面，亦具有高度的统一性，所谓名实相符。此乃汉字作为文字符号的最基本的特点和最伟大的地方，这也是汉字载道的原因。

第二讲

文字的三才之道

说起文字的产生和起源,有相互关联的两方面意思。一个是指文字的历史起源,比如说文字产生在什么历史时代,是谁创造了文字,等等,这个方面的研究依赖于传说、历史记载以及考古发现等等。另一个是指文字本身的演化过程和规律,比如说字形、字音是怎么来的,字的意义是怎么表达出来的,等等。这个方面的研究注重文字本身所具有的内在规律,当然它要符合历史,但也看重文字的内在规律,因为现在文字依然在不断产生和创造的过程当中,当下也是源头。

先从文字的内在关系上讨论文字的起源。

如同人有身体、语言和思想一样,文字也有自己的身体、语言和思想。文字的身体,就是"形";文字的语言,就是"音";文字的思想,就是"义"。从这种意义上看,中国的文字是由"形"、"音"、"义"三个基本要素构成的一个有机整体,文字也是一个活的生命。

一、文字字形的起源：在天成象，在地成形

我们知道，字形取象于自然。"在天成象，在地成形"，"远取诸物，近取诸身"，构成了我们通常所称的象形字。现在我们要问：为什么在天就叫"象"，而在地就叫"形"呢？"象"和"形"的差别是什么呢？

天的特点是气象，地的特点是形质，这是从气的角度的区别。联系是气聚为形，形散为气。比较而言，形质比较稳定而气象更易于变化。从天地演化的角度，形是象演变出来的。所谓"地法天"，地以天为法则。象是形的道理规则，象是形的灵魂。

在文字的形成过程中，最后看到的是字"形"，我们更感兴趣的是决定这个形的象。看到一个字的"形"，我们想知道这个"形"象什么？这个"象什么"，就是象形字的义。推而广之，我们总是想通过有形有象的东西去把握无形无象的规律，如同想通过一个人的外在表现了解他的思想一样。

任何艺术都有其表现形式，比如舞蹈、绘画、音乐等等，需要借助人体、笔墨、声音旋律等等来表达。任何事物想要表达总是要借助一个形象，这叫表现形式，而这个形式要表达的是其思想精神。

回到象形字，说中国的文字是象形字。象形是汉字的一个基

本特点。从象形出发我们可以深入地了解中国文字的造字思想和方法。

象是什么？象是中国人的分类方法。方以类聚，物以群分。说到象，离不开仰观俯察，就是仰观象于天，俯观法于地。说到观察，先来看看与"象"字同音的另一个"相"字。

《说文》说相："省视也。从目从木。《易》曰：'地可观者，莫可观于木。'""相"的字形由"木"和"目"组成，字义是审视和反省。怎么从"木"和"目"就会意出这样的字义呢？

"相"字很有讲究，右边的"目"是眼，而左边的"木"是眼睛里面看到同相的东西，具体说就是树木，一般来说是指"金、木、水、火、土"五行中的木。为什么眼睛看到木就是"相"呢？为什么眼睛看到水、看到火，或者其他的东西和事物就不是"相"呢？这是因为眼睛和木在五行中是同类，如同俗话说的"情人眼里出西施"，在情人的眼睛里看到的都是喜欢，别的看不见。

在人体的五脏中，肝的五行为木，而目是肝之窍，目的五行属性义为木。所以目中所见乃木之所感，皆为木也。当然这里不是说眼睛除了五行属木的东西以外什么都看不见，而是说目见木为相，相就是反映了目与木这样的同类关系。

依着这种意思，说说"相亲"这个词汇。其实"相亲"应该反过来说，叫"因亲而相"，就是因为有着亲缘关系才相中的，世界上哪有无缘无故的关系。犹如熟视无睹、司空见惯，还有其他词语，如"相同"、"相类"、"相像"、"相似"，甚至"相对"等等，都是基于"相"字的这个意思。

因此，在汉字中，"相"代表了事物之间有一种特殊的彼此相接的物性关系，因此产生同类之分的分类方法，深刻反映人对事物的"看法"的特点，所谓视同为"相"。这个特征在易学叫做"方以类聚，物以群分"。一字虽简，却反映了中国传统文化中最基本的分类思想与方法。

象是什么？象形的"象"是什么？象是相的象！

普通的象是假象，深究物性的相才是真相。在中国文化中，因着天地阴阳的变化规律而归纳整理的相和象，所反映的事物之象才更根本。

反映了真相的象才是字符，才是象形字，这是中国文化和文字的应有之义。

《道德经》中说："道生一，一生二，二生三，三生万物。天下万物生于有，有生于无。"这是在表述宇宙万物的创生演化过程。

《周易》中说："无极生太极，太极生两仪，两仪生四象，四象生八卦，八卦生万物。"这是在表述一气流行、化生万物的阴阳分化过程。

如下图所示：

无极	无极						
太极	太极						
两仪	阳仪				阴仪		
四象	老阳		少阴		少阳		老阴
八卦	乾	兑	离	震	巽	坎	艮	坤
五行	金		火	木		水		土
万物	万物类象						

图中，两仪是阴和阳，四象是老阴、少阳、少阴、老阳，四象是最基本的象。八卦是最基本的分类方法，万物都依着八卦而分类，此谓万物类象。阴阳五行是中国传统文化中最基本的分类方法，也是文字取象归类的基本方法。

这是从文字取象的角度进行的讨论，其结论是普遍的。象形的分类取象概念不仅是指字形，也适用于字音和字义。在易学的万物类象中，包含各种事物，当然也包含声音，还包括思想、情感和品德等等，如下图所示：

五行	木	火	土	金	水
五方	东	南	中	西	北
五时	春	夏	长	秋	冬
五星	岁星	荧惑星	镇星	太白星	晨星
五脏	肝	心	脾	肺	肾
五窍	目	舌	唇	鼻	耳
五音	角	徵	宫	商	羽
五志	怒	喜	思	悲	恐
五德	仁	礼	信	义	智

分开来说，汉字有形、音、义三个方面的内涵，但是因为象形的概念包括了文字的形、音、义，所以通常统称汉字为象形字。"象形"二字实在是高度概括了汉字的基本特征。

二、音不可伪

说到字音，声音也是象形。自然界的各种声音都是一种表象，也属于象形的范畴。打个比方，听到敲一下的时候叫"声"，而后面跟着的叫做"响"，最后的震荡是音，这叫声音。声是形，音是象，其所表达的义就是声音的真相。

说说"音"这个字。

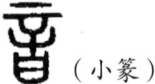（小篆）

《说文》中说音为："声也。生于心，有节于外谓之音。宫商角徵羽，声。丝竹金石匏土革木，音也。从言含一。""音"的字形由"言"和"一"构成，字形"一"放在了"言"字字形下部的"口"中，这个"言"的下部是"舌"的象形，其中的"口"表示舌根。"音"字中的"一"就画在这个舌根部位。从《黄帝内经》中可知：心开窍在舌，舌根是通心脉的。义在形中：音含在言中，是言下之意，是通心的。

古人云："音不可伪。"音是通心的，心有所之，则直接表现在音中。人说话时,声可大可小,然音不可作伪。心不真诚,虽百般掩饰,花言巧语,还是会在音中表现出来。可见"音"字中的这个"一"是"心口如一"的意思。

心音相通。因为音不可伪,所以心意不变,则音不变;音不改,则心意不改。所以同音同意!这也是汉字中相同读音的字,意思也相通的原因。心音的这个特点,是汉字的特点,也是人的生命特征的表现,所以同音同意不仅是中国人汉语的特点,应该也是人类语言的共同特点。举个例子说,为什么世界上各个民族语言喊出"妈妈"的发音都很一致呢?就是因为人类对母亲的感情都是同样真心的。

由此可见音乐教育的重要性,唱歌就是真诚地表达自己的心声,心声就是音。如此可以陶冶情操,培养人格。

说解了"音",再看"意"字。

(小篆)

《说文》中说意为:"志也,从心察言而知意也。从心从音。""意"的字形上"音"下"心",读音同"义",字义有"心"和"音"会意而出,意为心音。意是言的根本。语言是心意的外在表现,意是语言的内心世界。

"意思"是汉语里面最有意思的词汇,送个礼物叫做"意思意思"。"什么意思?""没什么意思,一点小意思。"什么叫"小意思"?这里的"意思"要完全放在具体的语境里面去会意。听话要听音,闻言要知意。

说到意,顺便看看"思想"二字,思想是意的表现。

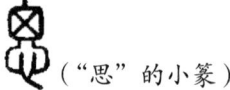（"思"的小篆）

"思"的篆字从心从囟会意得声。囟就是头顶的囟门,子在母胎,诸窍闭合,唯脐带纳气,囟门为之通气,所以头的顶骨未闭合。出生之后,诸窍开而口鼻纳气,囟门渐合,囟门是天地阴阳升降的通道,是大脑通天的天门。现在楷书的"思"上"田"下"心",田作脑海、心田解,字义和篆书也是相通的。"思"的字义就是心囟相通,精神相聚。

（小篆）

"想"字从心从相会意得音,字形上"相"下"心",字音通"相",字义则是以心取相。《说文》中对"想"的解释非常形象,叫"翼思",就是"思"安上了翅膀飞起来,思绪飞扬。

我们常说"思想思想",其实思是思,想是想。传统文化说：思是内思,想是外想。内动念为思,外着境为想。思想就是作念起意。从文字的角度,实在看不出今人的思想有什么比古人更高的地方,我们应该好好珍惜祖先留下的文字和文化。

三、形音相会而生义

现在我们知道汉字的形音义的奥妙之处了。

汉字通过字形的象形关系来表示整个世界、宇宙万物，包括我们自己，也包括对声音的描述。汉字通过字音通心来反映人的内心世界，表示人的心意。并且，可以通过字形和字音的结合来沟通宇宙万物和人心，使思想和万物相联系，"天人合一"的世界观就可以用文字去表现。汉字可以作为沟通心灵和世界的工具，也能够去表示这个世界上最深奥的意思。

离开了形，象落空；没有了声，音落空；没有了音，意落空。

有了形，则有象；有了声，则有音；有了音，则有意；意相通，则为义。

这个就是文字的字义。形音相会而生义。字义是因形和音相会而生，这叫会意。意为心音，心里面对这个音有所感悟，叫意。我们常常问："你会不会？"回答说："不会！"什么叫不会？就是没有拿心去相会。想要会就要用心。所以喜欢一个人第一就是要去想念他，不想怎么会呢？心里有才有，没有怎么能会意呢？

然而，每一个个体生命的心意是千差万别的，那么如何让你体会我内在的心意呢？我们取一种共同的意向来互相感通，表辞达意、字符就是对自然万物最凝练的取象，因而最能引起人类的共鸣，最符合人类共同心意的相会。每一个人内心所感的象是人的心意，而天地之间生出万千现象的规律就是道义，二者合一称做意义。

能让我们心意相通的是"义"，意之大者、意之达者即是义。让每一个人的心意都能与自然的道义相符，由意会义，由此感精通神，回归道性，这是生命的意义！

文字作为中国文化的符号，符的就是义。

人是万物之灵，文字是文化之魂。

前面说过"文"的字形所象，所谓"天地阴阳的变化"是也。现在知道了字音的作用，可以通过字音去意会，再来看看"文"的字音，"文"，读若"闻"。这是在告诉："文"除了有形有象以外，还可以用耳去听闻，闻可以听音，听音可以会意，会意则知义也。

一个汉字，有字形和字音。形和音构成了汉字的阴阳两面，从形的角度看，形为阳，音为阴；或者从音的角度看，音为阳，形为音。字形的后面有字的意义，字音的后面也有字的意义，字形和字音相合，字的意义也相合，这样字形、字音和字义就构成了一个整体。写字的时候，写下字形，字音和字义就蕴含在其中；识字读音的时候，字音和字义又随着读和解而表现出来。

一个汉字，就像一个人一样，静态地讲，有身形、名字、意义，动态地讲，就像一个人有行为、语言，还有思想。文字就如同一个活的生命一样，有形、音、义。这个就是文字的三才之道。字形、字音和人的心意相合，字形、字音就表达了字义，字义就是人的心意。字形为阳，象天；字音为阴，应地；字义，阴阳相交，与心意相合，为人。如此形音义的整体就是文字的三才之道。中国的文字用天地阴阳的变化来表达人的心意，效法自然来表达人的思想。天地阴阳相交化生万物，文字也顺应着阴阳之道来表现万物、表达人的思想。天地和万物，天人合一，形音相聚，会心生义。

如同《周易》用卦爻来模拟宇宙自然的变化一样，文字用形音合义来表示自然和人心意的象状。简单一点说，易是占卜的规律，文字就是每一次占卜的结果。今天我们称《周易》"上度卜辞，下出诸子"，文字就是占卜的卜辞。辞有吉凶，其意义要靠文字来表达。

进一步讨论一下，文字和人的生命以及宇宙的关系。文字有形、音和义，其所对应的人的感官是眼睛、耳朵和心意。人还有其他感官，如鼻和舌，鼻子和舌头和文字有关系吗？为什么不用其所对应的香和味去建立文字呢？

我们来讲讲物理。怎么知道一个事物有形，这个讲台是这个形状，我怎么看到是这个形状的呢？除了用眼睛看，还得有光，不管是自身的发光，还是反射的光线，要有光才能看到事物的形象。这个东西是圆的或者方的，要有光，才有形状的判别。你看这个物体是红色的，没有光你能看出是红的吗？从物理的角度说，形是光的表现。

人还可以用耳朵来感知声音。形是光的表现，音是声的表现。或者说，我们看到了光，光的后面有形；我们听到了声，声的后面有音。光和声音是两个比较根本的东西。在宗教里面说了人类起源于光音天，人是从光音天里化生下来的。在光音天那个世界里只有光和声音，嗅觉和味觉等还没有分化出来，其他的事物还没有分化出来。可见光和声音比香和味更根本，苍蝇和蚊子的味觉比较敏感，香味就是它们的"文"。形状和声音与人的生命的根本状态相关联，文字形声相生的道理是非常深刻的。

从唯识的角度说，无论是光，还是声音，我们所感受的一切都是我们的心灵的外显。

在道家的经典里，也说到文字是从哪里来的。文字是天自然显化的，是天书。什么叫天书？不是看不懂的叫天书，而是在天上自然显现的叫天书。《三皇经》云："皇文帝书，皆出自然虚无空中，结气成字。"《诸天内音经》云："忽有天书，字方一丈，自然见空。其上文彩焕烂，八角垂芒，精光乱眼，不可得看。天真皇人曰：斯文尊妙，不譬于常，是故开《大有》之始，而闭天光明，以宝其道而尊其文。"这里把文字和文明的出现比为《周易》的"火天大有"卦，具有文明天下之象。

《文心雕龙·原道》中把天地自然、日月山川、动植万品、云霞林籁都看成是自然之文。

在中国文化中，无论是宗教还是文学，都有从自然的角度描述起源的文化倾向，都主张效法自然，一如《道德经》所说："人法地，地法天，天法道，道法自然。"

如果现在有人问：汉字是从哪里来的？我们该怎么回答？

站在中国文化的立场上，回答很简单：汉字是生出来的！因为在中国文化看来，整个世界都是从道体中生出来的。文字和万物一样，都是从自然中生出来的。自然生养万物，更重要的是她将这种生生不息的能力与禀性赋予万物。正是因此，中国文字才能永久地传承下去，只要日月不落，宇宙不坏，文字就不会消灭，因为它与天道同种同德。而我们教书写字呢，就是在心灵之中开启自性的能生之力，心灵可以再造世界，而此刻的世界不也正是由我们的心所创造吗。这是天人合一、万物同源的道理。自然可以生万物，人心感之。人心可以造文字，也能造世界。

第三讲

文字的起源

这一讲谈谈文字的历史起源。

在中国传统文化中,《易经》为"众经之首、大道之源",这是历朝历代公认的看法。《易经》的创制起源于伏羲,这也是无可非议的。易是中国文化的源头,当然也是文字的源头。

一、伏羲画卦,一画开天

伏羲氏,风姓,号太昊,中华人文初祖。

在中国文化中,伏羲画卦是人类文明的开端,"一画开天"的"一"就是一个阳爻符号,这是第一个真正作出的人工符号,也是第一个文字符号,是最初的"文",此一画发蒙启昧,开启人类自身独立的发展过程,从此人类开始有了自己的文明。

有关伏羲画卦,前人之述备也。我们就解说"伏羲"二字,先看"羲"字。

（小篆）

《说文》:"气也;从兮義声。""羲"字由"兮"和"義"两字会意得音。

兮(小篆)

"兮"字由"八"和"丂"字会意得音。

丂(金文)　丂(小篆)

"丂"的字形上面是个"一",表示天,或曰道。下面的字形表示气从天而降。"丂"字的字义表示气从道开始向下化分,一气流行,从天到地。"丂"字的读音在此字中读若于,意思也和"于"字相通,区别只是"丂"从一向下化分,而"于"从二(表示天地阴阳)开始向下化分。

多说几句,"丂"是个多音字,和"爻"字会意组成"考"字的时候,读作"考",表示阴阳变化一气流行到了底部、末端,那是"老"的意思。"丂"字和"工"字组成一个会意字"巧"字的时候,表示一气流行贯穿天地,精细微妙,那是一个"巧"字。

这是气往下行,如果是气往上行,止步与"一"(或"二"),那就是气不能上达,贯穿天地,就是个"亏"字。

好了,"丂(于)"字说完了,返回去看"兮"字就清楚了。

"兮"的字义是一气流行,化分阴阳,贯穿天地,分而为八。"兮"就是道分阴阳产生的八种气。哪八种?乾也,兑也,离也,震也，巽也，坎也，艮也，坤也，即是八卦之气。气分八方，以应四时，其性八变，流动成形，造化万物，生生不息，是为八风。汉高祖刘邦曾胸臆直抒，雄豪自放："大风起兮云飞扬，威加海内兮归故乡，安得猛士兮守四方！"明白了"风"、"兮"之意，再读到"大风起兮"，正有一种天地定位、山泽通气，鼓之以雷霆，润之以风雨，日月经天的豪迈感觉，有了八风吹不动、天下为王尊的感觉。兮者，风之至大也。再读到"路漫漫其修远兮"的时候，平添了一份八风交错、正道沧桑的情怀。

说到这里，也就理解了为什么伏羲氏为风姓，风就是化生万物之气。

顺便说说情怀，所谓情者，其根在心，其体为气，发动为情。古人云："心静为性，动为情，动而不止为欲。"实在是精深之至。从气的阴阳分类来看，非此即彼，不外乎八卦。所以用"兮"字放在一句话的最后作为结束字来表达情怀，调节气息，那是再恰当不过的了，各种情态感应，皆不过"兮"。这应该是楚辞句句有"兮"、跌宕起伏、流转不息的原因吧。"兮"乃辞之息也。

回到"羲"字，简直是一幅画面。"兮""羲"相连，布局巧妙，有一气独立，义盖万方的气概！此字是后世专为纪念伏羲氏的伟大功德而造。用此字来解释"通天下之变，类万物之情"，那是再恰当不过了。

再看看"伏"字。

𐎀（金文）　　𐎁（小篆）

《说文》："司也；从人从犬。""伏"字由"人"和"犬"会意。字音读若"服"。字义由"会"而来，可以说"伏"字是人类第一次降伏和驯化了野兽的标识。也可以说"伏"是人自身的动物性在一点点地降低，人性在一天天地升起，左升右降，阳性的光明在心中升起，阴暗的愚昧在逐渐褪去。还可以从中医生理上讲，阳气上升，阴气下降，阴阳相交，水火既济，则心气平伏，气伏则心服。

从此字可见，汉字的会意，因循自然，道法阴阳，故常常意有多重，其间如水，自然流畅，亦如台步，逐阶而上，多而不乱，理固宜然。

把"伏羲"二字连起来观想，情境再现：伏羲洞悉阴阳，则天而画，以易演义，启发蒙昧，利益万方，神明德性，昭兮朗兮。

伏羲画卦，犹如晨曦，是中华文明的曙光。

二、文字和文明创立的目的

《周易·系辞》中说："古者包牺氏之王天下也，仰则观象于天，俯则观法于地，观鸟兽之文与地之宜，近取诸身，远取诸物，于是始作八卦，以通神明之德，以类万物之情。"

包牺氏就是伏羲氏。这里除了讲到八卦起源于仰观俯察以外，还提到了一个重要的问题，就是创立八卦的目的，这一点常常被我们所忽略。创立八卦的目的是为了"通神明之德，类万物之情"，是为了和神明相沟通往来，学习神明的道德，用神明之德完善生命，归向神明；是为了了解万物的情怀，并把神明的德性传达给万物，是为了"王天下"。这个目的从伏羲开始一直贯穿在中华文明的进程中，一切的文化现象都应该是围绕着这个目的展开的，从最初的符号到系统的文字的出现都是如此。学习和研究汉字不能忘了这个目的。

许慎在《说文解字·序》中说："古者庖牺氏之王天下也，仰则观象于天，俯则观法于地，观鸟兽之文与地之宜，近取诸身，远取诸物，于是始作八卦，以垂宪象。及神农氏，结绳为治而统其事。庶业其繁，饰伪萌生。黄帝之史仓颉，见鸟兽蹄迒之迹，知分理之可相别异也，初造书契，百工以乂，万品以察。"这里，庖牺氏就是伏羲氏，许慎把伏羲作卦作为阐述文字历史的开端，并且把书契的形成过程归结为三个阶段，即伏羲作卦、结绳记事和仓颉作书确立造字的方法。

按照中国文化，自盘古开天后，鸿蒙渺渺，后有三皇五帝。三皇是天皇、地皇和人皇，各自统领天下，经历了漫长久远的历史演变，三皇的时代是无为而治，自然而化，用的是自然之道。到了五帝的时代，自然之道渐去，有为之法显出，五帝以德治理天下。在中国历史上，皇和帝是不同的称号，皇是自然为王，帝是要靠人为努力的，以德为天下的表率。秦始皇抱负远大，想兼皇和帝而有之，自号"始皇帝"，可惜不能长久。

五帝的说法是按照五行说建立和排序的。东方青帝，南方赤帝，中央黄帝，西方白帝，北方黑帝，分别以五行之木德、火德、土德、金德和水德而王天下。画卦的太昊伏羲氏、结绳时代的炎帝神农氏以及仓颉造字时代的黄帝轩辕氏，就是历史上五帝的前三位，后两位是少昊金天氏和颛顼高阳氏。

中国文化，按照司马迁的说法，是"究天人之际"的文化。人类和上天的关系，一直是中国历史和文化的大框架和大背景，要学习和了解中国文化，就要时刻关注这个"人天关系"。

由此来看，我们今天讲的人类文明，包括文字，是出现在历史上的五帝时期。这个时期的人天关系是怎么样的呢？人和天的距离在逐渐拉大，自然无为之道渐行渐远，有为之心越来越盛，人类到了要建立道德的时代，在天为道，在地为德。人类要效法自然，以道立德。八卦就是在这个时代创立的，文字也是在这个时代创立的，以周易为源头的中国传统文化也是在这个时代创立的。

因此说，道德是中国传统文化永恒的主题！和《周易》一样，《道德经》也是这样的大时代背景下永恒的经典。

三、结绳记事是人天关系的反映

说了伏羲画卦,我们来谈谈"结绳记事"。

史书都说了,从伏羲画卦,到仓颉造字,中间还有个"结绳记事"的时代。在系统的文字出现以前,"结绳记事"是文明的主要表现形式。"后世圣人易之以书契",说明文字是在"结绳记事"之后出现的。了解"结绳记事",有助于我们了解文字书契的起源。

关于结绳记事,有很多的研究和说明,都很有道理。在此,作为一家之说,我们也来谈谈对"结绳记事"的看法。

说到"结绳记事",可以从两个方面来看:一个是怎么结绳,另一个是记哪些事情。我们想想:在上古时代,结绳要记载的最重要的事情有哪些呢?什么事情最适合用结绳的方式来表示?

首先是人天关系,其次就是人与人之间的血缘关系了,最后才是生活中种种事情。

说到人天关系,资料比较少。我们可以从其他民族的历史记载中找一些旁证。有一本记载藏民族起源和历史的书,名叫《西藏的观世音》。

在古代,西藏历史上的帝王叫藏王,这些藏民族最初的王是从哪来的呢?是从天上下来的,是天神下凡。藏王有一个很明显的身体特点,就是他的头上有一个像光柱一样的绳子,藏民们都能看到。等到这个藏王一世为王结束的时候,他就顺着这个光柱子回到天上去,就好像被绳子拎上去一样,并没有身体留在人间。这样天神们到人间来工作很放心,可以安全地返回。就像今天的人到大山洞里去探险一样,下到天坑里面去,身上一定要绑一个绳子,安全第一。可是随着世道的发展,人心越来越乱,到了有一世藏王的时候,发生了一次变故,有人用刀把藏王的头顶的绳子给砍断了,从此以后这个藏王就上不去了。

在中国传统文化里,绳子是一个有象征意义的东西。绳子有什么特点功用?绳子特点是垂直,垂下来就是直的,而且可以把东西往上拎。所谓规、矩、准、绳,规是圆的,矩是方的,准是水平的,绳是垂直的。准是用来表示水平关系的,比如现在用水滴来测平,把一个小水滴放在盒子里。如果是平的,那么这个水滴就在中间,如果是不平的就会往一边偏,这叫水准。绳是用来表示垂直的上下关系。水平是纬,垂直为经。

在中国文化中,"结绳"首先表示的就是这种人天关系。"结绳记事"首先要记录下一个氏族的来源,记录下本族和天的关系。此为绳子上最初的那个"结"。

其次就是表示氏族内的血缘关系了。我们知道,氏族的谱系是由简而繁的树状结构,这种结构最适合用结绳的方式来表示。

比如说，一位父亲可以把属于自己的那条绳子"结"在自己父亲的绳子之上。在自己的绳子上打上几个"结"表示自己有几个儿子。等到儿子也有了儿子的时候，再把儿子的那根绳子"结"到自己的绳子之上。兄弟之间的绳子可以用不同粗细、不同颜色等方法加以区别。从"根结"开始顺着绳子向下，到表示长子的第一个"结"，从这个"结"开始转向系在其上的另一根绳子，再向下遇到第一个"结"，再转向新的一根绳子，如此不断，"结"与"结"之间的连结可以表示一代代之间的血脉关系。整个"绳结"体系中最粗、最醒目的那根绳子链条，应当是长子长孙的嫡系。

如此这般可以完整地表示氏族的血缘关系。"结绳记事"是非常简单和巧妙的方法，也是那个时代最值得去表现和记录的事情。"结绳记事"是上古人类发展的氏族社会的写照，是文明的一个标识。至今，在我国的东北地区，还有这种表示血缘关系的做法。

看看"结绳"的"结"字。

（小篆）

《说文》："缔也。从糸吉声。""结"字形由"糸"和"吉"组成，字音由吉而得，是缔结的意思。

感觉有些人对"结"的意思的理解有点偏，"结"的本义不是强调绳子上绾成的疙瘩,"结绳"不是只在一根绳子上打结,而是把不同的绳子连结起来。在一根绳子上打个结并不表示吉祥的事情,短绳子结在一起连成长绳子,两根绳子连结在一起,才有些吉祥的意思。如果能跟自己的祖先乃至天上的神明连结在一起,那才是大吉大利的事情。今天在汉语中,结婚、结合、结盟、结发、结缔,等等,都是吉祥的言辞。

"结绳记事"的目的并不到理清血脉关系为止,而是要认祖归宗,返本还原,依着祖先留下的"绳子"回到天上去,那才是生命的终极目标。

这才是"结绳记事"。

这样说有根据吗?有氏族的"氏"字为证。

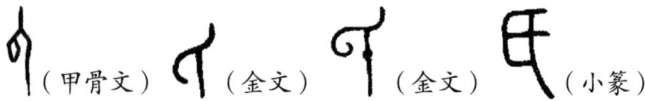

"氏"字的字形就是"结绳"的表现,是一条绳子结在上一条绳子上的形象,非常直观。金文的字形甚至连绳子上打了个结都表现出来。

再来看看"人"字。

("人"字的甲骨文)

"人"字的字形也是从"结绳记事"而来,众所周知,"人"字的字形是人体臂胫经脉的象形,从结绳的角度,父子相生的关系是更大的血脉形象，因此，"人"字是表示人类概念的人的象形字，并且还表示人的源头在天上。

现在请仔细看看楷书的"人"字形，还可以感觉到：人类从天而降，分阴分阳，男女相交，生生不息。你"看到"了吗？会意了吗？

糸：

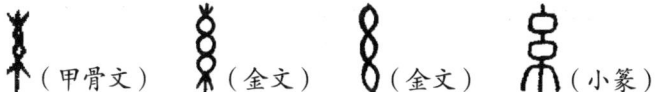

糸，《说文》："细丝也，像束丝之形。读若覛。"糸是丝线、绳子。糸是用三股丝线搓编绳子的象形。"覛"从辰从见会意，读音若"觅"。

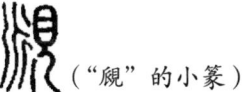

"覛"字和"糸"字都是明晰脉系、返本还原的意思。

系：

"系"就是结绳。金文表示用手结绳，就是在一根绳子上系上丝线。系也是结网的方法。

好多字都与此相关。因为"结绳记事"是中国文化的核心环节。

（小篆）

孙子的"孙"：表示系在儿子的那根绳子上的孩子。今天称某人为某个姓氏的多少代的传人，叫做第多少多少代"孙"，没有称多少多少代"儿"的，这也是因为儿子的"结"和父亲的"结"在一条绳子上，孙子才在新的绳子上。

关系的"係"：表示氏族的血缘关系，这是最基本的关系。最主要的那根"绳子"叫"直系"。从人天关系上，"直系"表示和天的直接关系。

经典的"經"："结绳"的树系中主干为经，经上下直通。能够把生命直接领回天上去的书叫"经书"。

"绳子绳子"，就是"绳"上所系的孩子。

绳子就是用来表示"孩子是谁的"的。

"纲领"一词也与此相关。"父为子纲"，在古代不是一个比喻，而是实际情况。绳子与绳子之间的关系，产生了纲，结成了网。

在中国文化里面，我们把最重要的事情称做"纲"，比如在《大学》中把"大学之道"比为"三纲"。

合理地想一下，纲与结绳的关系，可能还是后来衣服的原型。史载"胡曹制衣"，和仓颉一样，胡曹也是黄帝的大臣，可见制式的衣服和系统的文字都是在结绳记事之后出现的。"始制文字，乃服衣裳。"文字和衣服是人类文明的两大标志。如果把不同的兽皮连结在一起做成衣服，最重要的那块应该叫做"领子"。为什么叫做"领子"呢？还是从结绳而来，父亲的"绳子"上系结着孩子的"绳子"，不叫"领子"叫什么！在"绳子"、"领子"里，把"绳"、"领"当做动词用意思就对了。

四、"鸟兽之迹"与造字

仓颉是黄帝的史官，书中记载他"见鸟兽蹄迒之迹"和"观奎星圆曲之势"创立了系统的文字。这里的"鸟兽之迹"是一个非常综合的概括，包含有多重的含义。

举个例字，前进的"進"。

"進"字，甲骨文的字形由"止"和"隹"组成，金文和小篆的字形都由"辵"和"隹"组成，"辵"就是今天的"走之旁"，"隹"是一种短尾巴鸟。前进的进为什么要用"隹"来表示呢？这件事情我想了好久。有一天我突然想到小时候家里养的鸡，对啊！我从来没有见过鸡往后退着走，鸡总是向前走的。并且甲骨文的字形中下面的是"止"，就是一个脚印。想到这里，我觉得古人造字观察真是细致。观鸟兽之迹，不仅用到鸟的足迹，还注重了鸟的走动特点，真是概括啊！

回到文字，观"鸟兽之迹"以定文字，还要放大思路，不仅仅是在地上看见了狼的脚印、鸟的脚印，就造出文字；更要往大的时空方面去想，鸟的飞行路线有什么特点？鸟在地球的北极和南极之间飞行运动，"候鸟"冬天飞到南方去过冬，等到春天变得暖和了又飞回来，它是跟着太阳的变化而运动的。从地球的北半部看，鸟是属于南方的，最大的鸟是"金乌"。太阳向北回归，鸟儿也向北飞；太阳向南回归，鸟儿也向南飞，鸟有这样的秉性。这是很了不起的事情，一飞便是几万里，远隔万水千山也不能阻挡它，这是什么力量指引着它飞行呢？这是因为受到太阳的阳能的吸引。能飞的生命都有这样的特点，连最小的飞蛾也有趋光性、向阳性，常常"飞蛾扑火"，虽然他们的生命形式很低很低，落为昆虫，但是都有趋向光明的本性。光明是生命的故乡，人也是一样的，神话里面有"夸父逐日"，表达了人对光明的渴望。在人小的时候最能够体现出来这一点，小孩子是最怕黑暗的，他的生命更加的本然，长大以后是被训练得不怕黑暗了。这些现象都需要细心去体会，这就叫"类万物之情"，就是"格物"，要知道万物的情怀在什么地方。

在这个世界上，飞鸟是一大类的生命，还有一大类就是"走兽"，兽的运动的时空特点是什么呢？它的运动方向是东西向的，"昼伏夜出"，白天都躲起来休息，晚上才出来活动、捕食。"昼伏夜出"就是要等到太阳落到西边之后才出来活动。

"天垂象，圣人则之。"上古的圣人看到了走兽这种随着昼夜阴阳的变化而变化的生活规律，看到了飞鸟这种随着冬夏阴阳的变化而变化的生命规律，用天地阴阳的变化作为生命和万物变化形态的旨归和分类标准。仰观俯察，在天地之间建立生命和万物的联系，把万象和天象相联系，用北斗携着二十八星宿周天的阴阳变化来统帅、规范万物的阴阳变化。

在中国传统文化中，把周天的星象分为二十八个星宿，如同周天环线的二十八个车站。二十八星宿分布在东南西北四方，每方有七个星宿，并且把七个星宿的星象连缀成一个整体形象，即是东方七宿：角、亢、氐、房、心、尾、箕，形象是青龙；北方七宿：斗、牛、女、虚、危、室、壁，形象是玄武；西方七宿：奎、娄、胃、昴、毕、觜、参，形象是白虎；南方七宿：井、鬼、柳、星、张、翼、轸，形象是朱雀，统称天文"四象"。

按照天文"四象"，"鸟兽之迹"之"鸟迹"，和南方朱雀相对应，而"兽迹"和西方白虎相对应。天象西方"白虎"才是兽中之王，南方朱雀才是飞鸟之王，此乃中国文化中的"大生物圈"的概念，朱雀和白虎就是这两大类动物的最基本的象形。

文字和这种大的天文观相关联，再来看前进的"進"字。"進"字中的"隹"，从天文的角度，指的是"南方朱雀"。"進"字的含义是指阳气从北向南逐步增加递进。是这样的吗？是的！这可以从与"進"相对应的"退"字中得到印证。

（小篆）

《说文》中"退"为："却也，一曰行迟也，从彳从日从夊。""退"字的小篆字形由"彳"、"日"和"夊"组成，"夊"是一个向下的脚印，"退"字的字义就是太阳落山、阳气下降。所以，"进退"二字的本义是表示阳气的上升和下降。

再看一个亏损的"虧"字，"虧"是什么意思呢？

（小篆）

"虧"字由"虎"的上部、"隹"和"亏"组成，其中的"虎"指的就是西方白虎，而"隹"指的是南方朱雀，按照太极图，阳气由北经东向南逐步增加到最大，到了最南边，阳极而阴生，阴气由南而西而北逐步增加。"虧"的字义是"气损也"（《说文》），是通过气由南向西的转化来会意表达的，"虧"是意思是阳气不足，阴气增加，阳气向阴气转化。

"鸟兽之迹"除了和天文四象的阴阳变化相关以外，还和地支生肖的阴阳变化相关联。周天一圈有四象二十八星宿，与此相对应，地上一圈有十二地支，并且十二地支分别表示十二种动物的肖像，即十二生肖，具体顺序是子（鼠）、丑（牛）、寅（虎）、卯（兔）、辰（龙）、巳（蛇）、午（马）、未（羊）、申（猴）、酉（鸡）、戌（狗）、亥（猪）。十二生肖分阴分阳，阴阳间隔，其中单数第一、三、五、七、九、十一为阳，双数二、四、六、八、十、十二为阴。十二生肖的分阴分阳是按照足趾的数目来划分的，其中虎五爪，龙五爪，马蹄圆而不分，其数为一；猴五爪，狗也五爪，均为奇数，为阳。而牛、羊、猪蹄分为偶，鸡四爪，兔四爪，蛇舌分为偶，皆为阴数。最神奇的是子鼠，鼠前足四爪，后足五爪，那是因为鼠为十二生肖之首，其气前衔阴，后起阳，故前足偶，后足奇；从时间上对应来看，子时前半部为昨夜之阴，后半部为今日之阳，为时辰之首，为阳。在中国文化中，十二生肖代表的生物是阴阳之气变化的产物，其迹分阴分阳。

站在中国文化的立场上，观"鸟兽之迹"而造字是一个综合系统的观念。

"观奎星圆曲之势"，这是直接谈到天象。"奎星"本身由十六颗星连缀成环组成，形状是一只鞋底。奎星是西方白虎七宿之一，中国文化中说"奎主天下文章"。

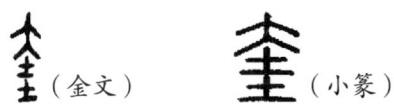

（金文）　　（小篆）

《说文》中说，"奎"字表示"两髀之闲"，字由"大""圭"会意得声。"圭"是测量日影天文的工具，也是建立卦象的计算基础，而"奎"是"圭"之大者，好像是在告诉我们从"奎"的象中可以找到为文字立象的规律。中国古代有本著名的数学著作就叫《周髀算经》。这些都在隐约地告诉我们文字和易学的象、数、理之间有着不可忽视的联系，有待于我们作进一步的深入研究。

五、仓颉造字与"天雨粟，鬼夜哭"

《淮南子》中说，仓颉作书，"天雨粟，鬼夜哭"。这是怎么回事呢？站在中国文化的立场上，应该怎么去看待这一事件呢？

前面说过，书契是代"结绳记事"而出现的。仅仅站在人的立场上看，或许会认为这是文明的进步。但是我们要知道，中国文化不只是站在人的立场和角度去说的，还要站在人天关系上来看待人、物和事件，人天关系是更大的背景框架。

在宇宙世界的化生过程中，天地的距离在不断地拉大，人天关系随着人的欲望的不断增加而逐步拉开。"天雨粟，鬼夜哭"，就是反映人天关系变化的一个标志性的事件。

"结绳记事"除了表示氏族的血脉关系外，还表示人和"绳子"的原始结点"天"的直接关系。亲密的人天关系叫"直系"，人可以得到上天的直接提携，是在上苍的直接领导下生活的。中国文化里面从那时到后世都还延续着这个思想，把"皇帝"、"王"称为"天子"，即是天的儿子、天道之子。

等到"结绳记事"被文字所写的"书契"所取代的时候，人天关系就从直接变成间接的了，从"直系"变为"非直系"的了。等到人类不能通过"结绳"保持人天关系的时候，人和天都同时面临着困难的问题。打个比方说，就是"绳子"下面结的"绳子"越来越多、越来越复杂的时候，终于承受不住而使得最上面的那个和天相连的"结"脱掉了，或者是在某一个"结"上脱掉了。脱掉了的"绳子"再也得不到上面的直接指导和关怀照料了。

这个时候怎么办？创立文字！"天雨粟！"

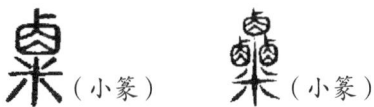

《说文》说粟为：嘉谷实也，并引用孔子的话："粟之为言续也。"粟，就是谷物的种子，就是谷子、小米。所谓的"续"，一是给送来了食物，继续了生存方式，二是续了"人天关系"。

文字就是在这样的背景下创立的。文字的创立和"天雨粟"是同一个事情的两个方面。

文字出现的时候，就是人类开始了自己在地球上一个相对独立的生活和发展过程，人类必须要通过自己的文化发展来完成一条成长的道路，不能像过去那样直接可以回归到天上去，发生关系。从人类文明的的历史上来讲，看起来好像是进步，可是站在天的角度看，这是一次痛苦的诀别。人类是上天的孩子，但是这些孩子现在不能直接回家了。不能直接回去怎么办呢？也不能放任不管，得派人去做这个事情，给他们造字，给他们吃的，给他们自己的文化，然后让他们通过自己的生活和发展，再来超越，再往回走。天上的神明都伤心极了，这就是"鬼夜哭"。

文字的创立是在"结绳记事"后人天关系的继续,文字是人类文明新的阶段的开始,人类又看到了新的曙光。

"天雨粟",天上如雨般降下粟米,这可能吗?今人从自己的常识出发,一定认为是神话故事。其实,这不是神话,而是真实的历史记载。天上可能降下谷子吗?能!何以见得?有字为证。

"來"字就是证据。

《说文》:"周所受瑞麦来麰。一来二缝,像芒束之形。天所来也,故为行来之来。《诗》曰:'诒我来麰。'"

这里说的是周武王伐纣的时候,与诸侯会师孟津,其时天示祥瑞,有火流从天而降,化为乌鸟,并有麦子一起降下。武王据此受到启发,最终取得胜利。"來"字就此而造,表示从天而降的麦子。

"來"是"麥"字的本字,后来被专门用来表示"从天而降"的意思,就又造了一个"麥"字来表示麦子。"來"就专门用来表示来往的来。而且后来造的"麥"字,上部还是"來"字,下面加了一个"夊"字。"夊"的字形是一只朝下的脚,如同"夅"字的上半部,也表示"从天而降"、"由上而下"的意思。

李白的诗句有"黄河之水天上来",其中"來"的用字非常准确。我们今天尊称客人为"来宾",就有"天上来客"、"地位高"

的意思，以示尊重。

这都是历史上书有文字的明确记载，可见天上会降下麦子是一件可以相信的事情。

六、"绝地天通"与文明的归向

到了五帝时代的最后一位帝颛顼高阳氏的时候，人天关系更加复杂，人与天神之间互相干扰，秩序混乱。帝颛顼为了维系人和天的正常秩序，把人天之间来往的"天梯"给截断了，使天神无有降地，地祇不至于天，互不相干。此事史称"绝地天通"。

由此可见，中国的文字产生在"绝地天通"以前，属于五帝时代，造字的"六书"方法，也是在那个时代形成了，造字的原则和方法是和八卦在同一个大时代创造出来的。

绝地天通表示着五帝时代的结束，人天关系进一步拉大，衰变是难免的，但是中国文化从那个时代至今一直传承了下来，这五千年以来一直没有中断过，这在世界文明史是唯一的。

中国的传统文化的核心是人天关系，"天人合一，万物同源"是中国文化的世界观。从文字本身创立的过程来看，文字是在人天关系拉大的过程中建立的，建立文字的目的是为了开启人类自身的发展历程，也是为了更好地和谐人天关系。"天雨粟，鬼夜哭"，创立文字和降下粮食是在人天关系的分化中产生的，但是分化并不是创立文字和人类文明发展的目的。文字和文明创立发展的目的都是为了回归到和谐的人天关系上。

在今天这个时代，科技和物质文明飞速发展，人的欲望不断地膨胀，同时带来了许多前所未有的问题，人天关系比历史上任何时候都更加不和谐。尽管如此，中华文明的大框架依然保存着，中国的文化以及传统文化依然保有着和谐的人天关系的种子和回归的途径和方法。中国传统文化的经典就是回归的航船与灯塔，而文字就是学习和打开中国传统文化大门的钥匙。在弘扬传统文化，振兴民族教育的今天，文字是文化和教育的基础，我们要回到传统文化的世界观上去看待、学习和把握文字。

中国文化是"究天人之际"的文化，从一开始就是从天道里面分出来的，最终还要回归到天道中去，生生不息，周而复始。中国文化始终是按照这个方向去发展的，这是文字的起源和历史。

第四讲

文字的体系结构

这一讲讨论字与字之间的关系。如前所述，汉字有形音义三个方面的要素，因此可以从这三个方面加以讨论。从字形的角度看，文字之间的关系如何呢？

一、五百四十部首

东汉许慎在《说文解字》中，第一次按照字形对汉字进行了系统整理，把九千多个汉字分为五百四十部首。部首就是我们今天所用的"偏旁部首"。

在《说文解字》中，第一个部首是"一"。"一"是部首，也是其中的第一个文字。我们称伏羲画卦为"一画开天"。"一"是第一个人文符号，也是第一个文字。

━━ （甲骨文）　　━━ （金文）　　━━ （小篆）

《说文》："惟初太始，道立于一，造分天地，化成万物。"在中国文化中，"一"从道中生，是"道体"和"万物本源"的代表。

万物都从这个最初的道体中化分而生出，所谓"道生一，一生二，二生三，三生万物"。"一"是中国文化和文字中最基本的象形，是对自然之理的高度的取象概括。"一"是最简单的文字，从文字的组成构件上说，也是最简单的笔画。说"一"是自然的，整个世界及其万物都是从"一"中生出来的，故"一"是理象。从易的八卦的角度说，"一"是阳爻，是"爻象"，是"卦象"的最基本的组成单元。用今天的概念说，"一"是思维的产物，最基本的抽象符号，是"人工"符号。什么叫"抽象"呢？就是从一个具体的象中把它概括出来，经过概括就是文明了。

所以在许慎整理汉字的五百四十个部首里面，有一个思路，有一个整体的线索，就是从"一"开始，其他的部首都是从"一"中"生"出来的。"一"讲完了，基本上整个五百四十部首就讲完了，这个思路是和中国文化的基本思想是一致的。部首虽然有五百四十个，但不是完全独立不同的东西，其间有一定的内在的联系。

第一个部首是"一"，那第二个部首是什么呢？

━━（甲骨文）　━━（金文）　━━（小篆）

《说文》："地之数也。从偶一。""二"由两个"一"组成，"一"为奇，"二"为偶；"一"为阳，"二"为阴。"一"和"二"代表了基本的阴阳数理关系。

第二个部首是"上",上下的"上"。有了"一",万物开始化分为"二","二"是阴阳天地。"二"是数理,象分上下,马上就把这个空间分为了上面和下面,所以第二个部首就是上下的"上"。在"一"的上面画一个指事符号表示"上",在"一"的下面画一个指事符号表示"下"。"一"一出,上下即分,所以"上""下"之形是从"一"演化出来的。"二"就是古文的"上"字。在第二个部首里,有"上"、"下"等字。

丄("上"的小篆)　　下("下"的小篆)

因着"一"这个部首,产生了第二个部首"上",我们要找的就是这种关系。

第三个部首是什么呢?先看"三"字。

三(小篆)

《说文》说三是"天地人之道也,从三数"。从字形上,"三"是三个"一"字组成,表示天地人之道。有天地然后有了万物,而人是万物之灵,故而由天地人代表天地万物。

第三个部首不是"三"字,而是"示"。

示(小篆)

上面是"示"字的小篆字形,《说文》说:"天垂象,见吉凶,所以示人也。从二三，垂日月星也。观乎天文以察时变，示神事也。""示"字的上面是个"二"，表示天地阴阳，下面是个竖着的"三"字，表示日月星。通过日月星的变化来"示现"阴阳变化的道理，左边是日，右边是月，中间是星。后来这个"示"字旁就变成了一个很大的偏旁部首，叫做"神示旁"，许许多多的字都是这样衍生过来的。但是我们在大自然里面是找不到这样一个字的，中国的文字是拿着天地阴阳的世界观经过整理的，文字不是拍照片，生搬硬套的，而是理所当然。

我们先来学个头尾，五百四十个部首最后一个是"亥"。"亥"字是十二地支——"子丑寅卯辰巳午未申酉戌亥"——的最后一个。

（小篆）

"亥"字的结构和"示"字的结构非常相似，都是示象以显理。上面是天地阴阳，下面是两个人，前面是个怀孕的女人，后面画了一个男人，而且用个"乙"字形表示天地之气移入女人的腹部。这个字造得非常象形，用一幅图画把"亥"字的意思表示出来了。"示"是天文之象，"亥"是人事之象。

中国文字，在天成象，在地成形。"亥"表示归结，万物的发展到这个时候告一段落。在中国文化中，"亥"是表示生命循环、万物演化周期的十二地支的最后一位。

这个字加一个言字旁是应该的"该"。什么叫"该"？我们讲"这个事很应该"，"活该"，就是说它是一个终结，是事物发展的一个必然的结果。"亥"是生命发展过程的最后一个环节，"亥"又再和"子"尾首相连，是前一段过程的结束和事物的终结，又孕育着新的过程的开始，"亥"又是新的生命的种子。子和亥分别位于十二生肖的首尾，亥、子相连，就是一个"孩"字。孩子是生命的延续，就是生生不息。

五百四十个部首，从字形的角度，由简单到复杂，遵循宇宙创生的模式，按照阴阳变化推演的规律，构成了文字的整体结构。五百四十部首，表示了万物取象变化的一个整体结构，可以把所有的文字包容在其中，以此来通神明之德，类万物之情。

五百四十部首，是中国文字的基本类象，是许慎按照中国文化的思想对文字的整理总结，也是按照阴阳变化的规律所推出的一个必然结果。

现在我们来看看文字的类象和八卦的卦象之间的关系。

伏羲用阴阳变化形成的八卦来模拟和表现天地化生的过程，所谓"易与天地准"。八卦是"乾、兑、离、震、巽、坎、艮、坤"。用八卦可以把世上所有的事情分成八种最基本的类象，并且可以用卦爻之间的变化来模拟事物的变化。八卦模拟的是阴阳变化的规律之象，而文字之象是八卦之象的进一步具体化的表现。比如说，看到一个男人，可以用一个阳爻来表示，看到一个女人，可以画一个阴爻来表示；还可以用一个阳爻来表示白天，用一个阴爻代表夜晚，这些都没有问题。问题是当把这些阴阳符号"记录"下来的时候，在以后的应用中就有问题，比如这个阳爻，是表示"白天"呢还是"一个男人"呢？就是这个简单的符号已经不足以将事物具体地指称清楚。

再比如，八卦中的"兑"卦的基本卦象是"泽"，是湖泽之象，同时"兑"卦还可以表示长女、中女和少女中的"少女"，还可以表示人体中的"口"，还可以表示动物中的"羊"，等等。八卦的高明之处在于揭示了"泽"以及"少女"、"口"、"羊"等事物中共同的阴阳特点，八卦的推演和运算就如同今天所用的运算"公式"，如果用卦象来记录事物，则问题就出现了，在具体的情境下，"兑"卦是表示少女呢还是一只羊，就需要进一步的标志来划分区别。从这个例子的角度来说，文字就是为了进一步的区分阴阳变化中的事物而创造的，文字之象是比八卦之象更为具体的表象。八卦之象是化繁为简，文字之象是由简而繁。

在易中，五行生数，一三五为阳，二四为阴，阳数之和为九，阴数之和为六，故以九为阳象天，以六为阴法地，天地阴阳之间的变化为九六之数，合五行阴阳二五之数，为五百四十。故文字以五百四十部首而为分类，其数如此。

中国文字以"一"立象，化为五百四十部类，并在此基础上各个部类相互组合，构成了巨大的文字系统，并以此来和从"一"

表示的道体化生万物相比拟，以表示万物之情状。这是文字的以形为表现特征的体系结构。今天现代的汉字系统中，还保有不到两百个偏旁部首，且不论各部部首之间的相互关系，虽是不论，但各部首之间的内在关系还是保存的。

二、音韵与声律

除了从字形的角度以外，还可以从字音的角度来讨论汉字的整体结构。

广义地说，自然界的一切表现形式都是"文"，如同《文心雕龙·原道》中所说，山间泉水的流响，天地运行的雷声，林籁和飞鸟的叫鸣都是文的表征。狭义地说，我们看到的是形，听到的是音。声音本身是自然的表现，文字的读音亦是取决于自然。这个事情说起来比较复杂，因为字音的变化太大了。

可以从一些例字中看看文字字音取向于自然的特点。比如从汉字的发声部位可以分为"唇音"、"齿音"、"牙音"、"舌音"和"喉音"，可以试着读一读"唇"这个字，先大点声，再小点声，自己感受一下这个音是从哪个部位发出来的？要准确地读出嘴唇的"唇"这个字音，看看不动嘴唇，能不能发出这个字音？再试着读一读舌头的"舌"字的字音，看看是口腔中的哪个部位发出的声音。然后，再读读喉咙的"喉"字的读音，看看音是从哪个部位发出来的？还有"牙"和"齿"字的读音，牙是指侧面的牙，齿是指前面的齿，可以仔细地读一读，认真地感受一下。

我们会发现，"唇"字的字音就是用唇发出来的，"喉"字的读音就是从喉咙部位发出来的，"牙"、"齿"和"舌"也分别是从其所指的部位发音得声的。这些是巧合吗？如果是，那也太巧了。在第二讲中，从心意相通的角度，我们讲了"音不可伪"，现在从发声的角度看，也可以看出汉字的读音的发声和自然的状态相一致。还可以读一读"吹"、"吐"、"含"等字的发声，体会一下这些字发声的特点。

在中国文字中，可以从文字的字音关系来对整个文字系统进行归结整理。我们先来看一个简单的结构。

古代的蒙学读本《笠翁对韵》分为上下两部分，每个部分有十五个韵，共有三十个韵。上部的十五个韵分别是：一东，二冬，三江，四支，五微，六鱼，七虞，八齐，九佳，十灰，十一真，十二文，十三元，十四寒，十五删。下部的十五个韵分别是：一先，二萧，三肴，四豪，五歌，六麻，七阳，八庚，九青，十蒸，十一尤，十二侵，十三覃，十四盐，十五咸。在中国文化中，形为阳，音韵为阴，而月为阴之精。三五一节，一节一气为一月，上下十五韵对应着上下半月。故以三十韵来应配一月之数。音韵是从自然中产生的。整个文字的音韵体系是和自然相对应的。第一个韵为什么叫"一东"呢？德为夫，红为母，父母相合、德红相切,"一东"是德和红生出来的。声为阳,韵为阴,德取其声母,红取其韵母,声韵相合即是"东"。音韵是按照音律自然生出来的。至于"一东"中的韵文,也是"天对地,雨对风,大陆对长空",等等,讲的还是从天地中化生万物。接着"一东"的是"二冬",这两个是不一样的,一个阳一个阴。

在安阳的中国文字博物馆里,有一个装满活字的字盘,它就是按照音韵来排列的,可以方便地根据字的音韵来找到需要的字,以进行排版印刷。

今天的《新华字典》也是按照字音来排列汉字的,和古代的韵书不同,它是按照英语的字母顺序排列的。

有一个字"唵",其音是宇宙的母音,不管发的哪个音,把这个音拖长,最后都是"唵"字音。

这个音一发出去可了不得,大家知道,孙悟空找土地神的时候,第一个发出的就是这个音。一念,这个土地神就出来了,很厉害的,大家善用,德行不够的时候不要去用它。我们可以引晋平公德薄、好音、穷身的故事为戒。

一切的音的背后,有一个母音,这个母音是宇宙的本源。形和音取决于自然,它是从自然本源里发出来的。这个本源,也是我们生命的本源。这是最基本的概念,也是我们必须要提到的。

三、义在字中

讨论了字形和字音，还可以从字义上来看看汉字的整体结构。

从字义上看，汉字的整体结构是什么呢？或者说汉字在字义上构成了什么呢？

简单地说，汉字在字义上构成了整个的中国文化。文字描述整个宇宙的创生和发展，文字记录了历史的事件及其过程，文字表达了人类丰富的情感和崇高的思想，文字凝结了人的经验、教训和智慧，文字反映了这个世界的规律并形成了经典。文字是中国文化的基础，是中国文化的工具和载体，也是她的组成部分。文字使得教育和文明的传承成为可能。

汉字字义的整体结构是由一个个具体的汉字的字义会聚而成的。汉字的字义离不开字形和字音。如同一个人由名称、身相和思想构成一个活的生命一样，一个文字也是由形音义会聚而成的一个活的生命。一个文字的精神，没有形和音谈不上义。一个文字的字义是由形和音会出来的，中国文化和思想的基础也是由"形"和"音"会出来的。

中国文化，她的基础是礼乐。世称中华民族为礼仪之邦，礼乐是基础，也是其最高的表现形式。礼的特点是什么？礼的作用在于什么？礼的作用在于"别尊卑"。什么叫做礼别尊卑？比如说，一位老师和一位学生相遇，学生要先向老师行礼，老师也要还礼。长幼有序、内外有别，都是礼。礼是用来反映差别的。天尊地卑，万物各在其位，各司其职，差别的存在是世界的特点。如果不能反映事物之间的差别，则不能表现事物的结构和秩序。礼者，理也。在天为理，在人为礼。礼是自然的天理之现于人也。礼的作用是强调差别。

那么乐的作用是什么呢？音乐的作用是调和这种差别，所谓"乐殊贵贱"是也。疏理就是调节差别。可音乐凭什么来调节差别呢？音能和谐的关键在于音的表现的准确性。每个音都有它自己的高低，在不同的音之间会发现有些音的匹配很悦耳，这些都是自然的事。音乐能调节万物、和谐这个世界的根本原因就在于每个音都有它自己的音准，就在于它能准确地在这个世界找到一个定位。所以，音是基准。在礼和乐之间，乐是礼的基础。礼表现差别，强调差别。乐进一步准确地表现差别，并调和差别。正是因为每个音有它准确的位置，所以音才能给这个世界一个准确的秩序。有了准确的秩序，才有了礼的道义所在，所以礼是在它的基础上的一种表现。决定它的高低程度是它内在的音准，所以要知道这个音是更根本的。在中国文化中我们说，音所对应的器官是耳朵。耳在五行中是水，在五脏中是肾。经典说天一生水，水是宇宙创生过程中最初生出的物质形态。经典说"上善若水"，为什么呢？因为水是最近道的物质形态，水的属性最适合描述道体的性质，比如说"外柔内刚"、"随方就圆"等等，水性乃善之上者也。越往源头去，就越近根本。在佛教中，也讲耳根圆通，可见声音对于生命的重要性。

下面回到文字，通过字例来体会字义。

"拿"和"掰"两个字，字义是什么？合手是"拿"，两手分开为"掰"，对不对？字义非常直观，一看就能想到能理解。问题是：还有没有别的意义？合手在胸前是行礼，礼是"拿"的前提，这样理解可以吗？双手分开是"掰"，再分开是"拜"，拜是礼貌，"掰"也要合礼哦。

文字的字义是通过会意"会"出来的，而会意是水涨船高的，就看你"会多少"，有没有"意思"，要是没有意思，那也没有办法和你"交会"。会意是要拿心意去相会的。同样的字，在不同人的看来，字义是不相同的。同样的文字，同样的人，在不同的课堂里面也可以讲出不同的意思。

比如"信"字，左边是个"人"，右边是个"言"，这个字形对每一个人都是相同的，但是面对这个字的时候，不同的人的理解是不一样的。现在问：什么是"信"？每个人的感觉是不一样的，回答也是不一样的，这是文字很妙的地方。中国文化讲："以言立人为信。"信靠的是说话算数，靠的是语言和行为的一致，这是信的基础。进一步说，人要尊道而言，依言而行，立人立德，全德归道，是为信也。

在中药里，砒霜叫"人言"，人言可畏，是可以杀死人的，比砒霜还毒。

在会意的时候，我们会将对字的理解和认知夹杂在其中，每个人理解不同，那么解字解得也不一样，我们会将自己对事物的看法，自己的世界观融入其中。仓颉造字，目的是为了回归，通过对字的学习来格物致知，来认识世界，感受生命，感悟生命，借此来提高完善自己。

字义是心意的产物，也只有放在人的生命之中，放到人的行为和实践之中才能得到阐发。学会了字的"形"、"音"，可是字的义是什么呢？字义要放到人的生命里面才有意义，这才是真正的"意义"所在。

因此，字义可以表现在两个方面。一个是把字义放在文字之中，另一个是把文字中的字义阐发出来并且发挥作用，前者是文，后者是化。文字字义的整个体系就是文化和教育。

重与轻：

（小篆）

小篆的"重"字，"厚也；从壬东声。""壬"是人立土上，从东得声会意。东是五方的起点，是四季循环开始的地方。人就是在不断地生命循环重复中挺立起来的，故字义为"厚也"。楷书的"重"字，是个会意字，千里为重。

现在来看重量的"重"字，我们平时怎么去表达轻重的概念呢？"这个有多重？"一个东西，成年人拿着或许会很轻，但是如果让小孩子来拿，可能就会觉得很重了。到底凭什么去断定一个东西的轻重呢？"重"的感觉是靠大小来表示的吗？例如一个大石头，我们说它很"重"，但是多大的石头才叫"重"呢？所以，"重"是一种感觉。"重"字，千里为重。古话讲"百里无轻担"，即使挑的是一个空筐子，走百里路也是会觉得很重的。何以为重？——"路遥知马力，日久见人心"，重以担待、持久为体验，所谓持重是也。以此可以体会"重"的意义。文字的字义，是靠人去品味的。人人都可以去品味，可以讲出一番道理。能够感悟多少，就解读多少，就会多少。

輕（小篆）

与"重"相对的字是"輕"。我们都骑过自行车，如果在泥泞的路上骑车，最好的办法是沿着前人的走过的车辙前行。如果走一条从来未走过的路，那是很费劲的。"輕"字左边是一个"車"，右边是个"巠"，驾车运行，当然是按着走过的路去走轻松。有一个成语叫"驾轻就熟"，熟悉了固然轻巧，有路可循便是"轻松"。可见，"輕"和"重"，在古人的眼里，都不是按照现在的半斤八两来衡量的。"轻重"并不只是一个简单的重量概念，且包含有丰富的生活经验和对事物的深刻感悟。

再看"取"字，来了解其字义。

🖼（甲骨文） 取（小篆）

《说文》中说取："捕取也；从又从耳。"取是什么意思？半边是耳朵的"耳"字，半边是右手的"又"字。揪耳朵叫取是不是？这很好记，但不是字义。古代打仗杀敌或打猎，把右耳割下来记数，叫"取"，所以"记取"一词的运用是最合乎本义的。还有小说中说"张飞于百万军中取上将首级如探囊取物"，用的就是"取"字，描写得非常准确。"取"字，整个就是一个故事。

"取"字下面加一个"女"，就成了"娶"。什么是娶？"娶"是娶亲，到女方家去把新娘子接过来叫"娶"，娶是取的引申。

石头的"石"是什么字义呢？

🖼（甲骨文） 🖼（金文） 石（小篆）

《说文》："山石也；在厂之下，口，象形。"这又是一个故事，为什么石头的石写成这个样子？其实这是在说女娲补天的故事。上面的"一"是天，下面的"口"是石头的象形，一个个的石头垒上去把天补起来，但是画一个个的石头多无聊，边上用一笔把它撑起来，楷书用一撇"丿"来表示，这似乎是在说女娲炼五色石以补天。上面图片中甲骨文的"石"更是个会意字，用一个斜着的"人"字和"口"字会意，也有集石补天的意思。"石"这个字就记录了中国上古历史上的这么一段美妙的神话故事，把历史的故事浓缩在一个字里面。基础两个字从土石，土石是建筑的基本材料，也是建筑的基础。

另一个字"合"，可能跟这个故事也有关系，有着相同的起源。

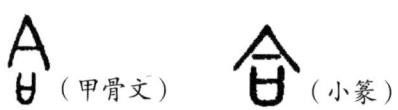

合，《说文》："合口也，从亼从口。"似乎也有用石头补上天开的豁口的意思。

文字记载历史，彰显道德："舜"与"桀"字的由来。

舜，姚姓，名重华，是中国古代的一位布衣天子，史书记载舜"父顽、母嚚、弟傲"，全家人都不喜欢他，都想害他，舜在极其艰难的环境里躬行孝道，感动天下，尧以天下禅让于舜。舜是中国历史上行孝道的先驱，从平民到天子，一力贯行，以孝治天下，史称"重华大孝"。"舜"字的楷书，上面是个"受"字的一部分，是"受"字的简省，底下是个"舛"字，"舜"由"受"与"舛"二字会意。"舛"字的字形是两只相反方向的脚步，表示"坎坷"，时乖命舛。受，上为爪，下为又，手与手相对待，对等为受。舜，上为爪，下则为舛，以不对等而受之，逆来顺受为舜。字音从顺。小篆的字形上面是个"匚"（读若方，受物之器，象形字），匚中有个"炎"，这是以匚受炎。和楷书的含义是相通的。

"舜"的字义是：各种各样坎坷的命运放到面前，都能逆来顺受。这个字我想一定是在舜以后造的，是后人为了纪念舜的德行而专门造的一个字。

还有一个字与此相关联：桀。

（小篆）

桀是夏朝的最后一位帝王，是一个残暴荒淫无道的君王。"桀"字上面还是一个乱的舛，下面是一个木，木主生发，主仁爱，木代表的就是生命。将自己的荒乱的胡作非为凌驾于万民之上，凌驾于仁爱之上，凌驾于生发之木之上，这是对桀的行为的揭露。

这都在讲把中国人的历史教训和历史观放在文字里面，一个字，足以写一篇课文。

一个历史上荒淫无道的君王，居然也给他造了一个字，此字用来刻写反面教训，警示帝王，这是字义。中国的文字厉害吧！

再看一个字：辟。

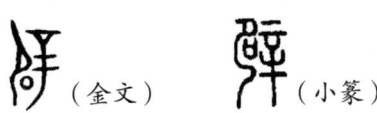

《说文》说辟是："法也。从卪从辛，节制其辠也；从口，用

法者也。"

　　这个字基本上是起源于和氏璧的故事。春秋时期，楚国有一个叫卞和的人捧着一块璞玉去见厉王，厉王命玉工查看，玉工说这只不过是一块石头。厉王大怒，以欺君之罪砍下卞和的左脚。厉王死，武王即位，卞和再次捧着璞玉去见武王，武王又命玉工查看，玉工仍然说只是一块石头，卞和因此又失去了右脚。武王死，文王即位，卞和抱着璞玉在楚山下痛哭了三天三夜，眼泪流干了，接着流出来的是血。文王得知后派人询问为何，卞和说：我并不是哭我被砍去了双脚，而是哭宝玉被当成了石头，忠贞之人被当成了欺君之徒，无罪而受刑辱。于是，文王命人剖开这块璞玉，见真是稀世之玉，命名为和氏璧。

　　上面的金文就像是这个故事的一幕活话剧：这个"辛"本身就是一套刑具，代表刑法，这边尸是一个人的身体，下面画着一个石头，就是那个和氏璧。看着这个字，似乎情境再现：和氏拿来一个石头说是玉，被砍掉一只脚，还说是玉，再砍掉一只脚，死活不改口，还说就是玉，最后工匠一雕刻，果真是玉。此说何以见得？下面加玉字，便是璧。

　　璧：《说文》中说璧为"瑞玉，圜也；从玉辟声。"

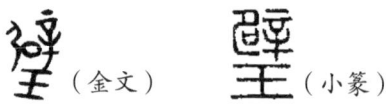

　　这个璧字从玉从辟而得。其中之辟，恐怕不只是表声，还是

会意，是和氏璧的故事的真实表现。死活不改口，这叫坚定不移地开辟一条道路，是靠他的决心来开辟这条道路的，要讲到这个点上，会意才出来。如此，有三个字跟这个故事有关。一个是璧玉的璧，一个是开辟的辟，还有一个是避免的避，帝王要明辨是非，不要再犯类似"和氏璧"这样的冤案，从此有了避免的意思。"和氏璧"在历史上早已不见了下落，可"和氏璧"的故事却永远地留在了中国文化的历史上，成为"文化之璧"。

还有一个字跟这个故事有关，就是"现"。现，从玉从见，会意加形声。从一块石头中看到玉是一种现象，似乎是在说和氏平反昭雪，玉璧重现天日。

中国人拿历史上很多人物、事件，拿历史的教训来做成一个文字，这恐怕是中国独有的文化现象。这是中国文字的一大特点。

你说这是象形还是会意？是整个历史！

第五讲

造字方法:"六书"

从形音义三个基本要素出发来研究文字，是现代研究文字的基本方法，这是今人的一个非常好的思路和概括。今天在对文字形音义三个方面侧重研究的基础上产生了"文字学"、"音韵学"和"训诂学"。但是并不代表今人的这种文字的研究方法比古代的先进。在古代，造字的方法叫六书。六书是中国文字建立的基本方法，在甲骨文里面就已经完备了。六书从形音义三个方面来建立文字，并且"分阴分阳"，"兼三才而两之"，远比我们现在考虑得更自然、更精深、更完备。

"六书"，指象形、指事、会意、形声、转注和假借。

一、象形

象形是从自然中取象造字的方法，关于象形的意义，前面已经有了详细的叙述。象形是中国文字的基本特点，也是造字的基本方法。

许慎在《说文解字》中说得精湛："象形者，画成其物，随体诘诎，日月是也。"此言的大意为：象形的方法，就是把事物的阴阳特征画下来，然后按照其体性思考加工整理，"日"、"月"就是典型的象形字。在此，"物"的本义是指分阴阳雌雄的生物。虽然可以引申来指更广泛的事物，但是阴阳的基本特征是保持的。"诘"是问，"诎"是自然朴实地答。

象形字数量不多，是构成汉字的基础。象形的"象"字就是一个典型的象形字。

"象"的字形的最大特点就是画有长鼻子和长牙。如果没有这个鼻子和牙，其象形和狗的差别就不大。

甲骨文的字形突出了象鼻和象牙，金文画的就是一个象，像一个剪纸画一样。可见象形就是取象于自然，把这个金文放在世界任何一个地方，所有人都会知道这个是大象，因为突出地表现了大象的特征。到了小篆和楷书，字形就经过了分类的加工整理。等到有了分类整理，系统的文字就形成了。

在"象"字的上面加了一个"爪"，就是大有作为的"爲"字，今简化为"为"字。"为"字的意思就是用手牵引驾驭这头大象，从构字上讲，这是个会意字，可也是一幅图画哦：一只小手在引导着一只大象。用一只手就可以把大象驾驭好，就是有所作为。有所作为可以用驯服一头大象为标准。舜在厉山耕作时，大象帮他耕田，鸟帮他除草。一看就知道是圣人在此，这个才叫作为。

以此可以体会中国文化中有为和无为的关系。中国文化崇尚自然，讲究无为而治，道家讲无为而无所不为。象是陆地上的庞然大物，可以用一个手来轻松驾驭，如果用蛮力来硬拉，是很费力的。

讲到"象"和"为"字的时候，就知道什么叫"有所作为"，什么叫"无为而治"。古代道家文化里这么强调无为，就是要顺着天性、顺着规律去做，就像我们刚刚举过的舜的例子，他根本就没想去驾驭大象，他的孝感动天地的时候，万物都与他相应。第一个感动的是象，象给他耕地。舜的那只手是什么？那只就是他的孝道和德行，这是一只无形的手，只有无形的手，才能称得上无为，然后再讲无为无不为。所以，文字讲到此，不用讲太多的字，可以去体会原来每个字都是这么做出来的，就会明白中国古人把最深刻的道理放在文字里面。

可以想象一下，把"象"和"为"两个字放在一起，仔细地看一看，因着对有为和无为的理解，可以感到"为"字上面的小手越来越小，慢慢地消失了，"为"字就和"象"字合为一体。"为"变成了"象"，"象"就是"为"。

（小篆）

"形"字的字形：左边是由两个"干"字并列组成的"开"字，读音若"间"；右边是个"彡"字。字音："形"的字音同五行的"行"字的读音。字义：相关的两个天干在地上的投影，与天象相对应的地形。

"干"是天干，天干有十，"十天干"在空间上代表了方位，在时间上又代表了不同的季节，"十天干"是这个时空的主干。"两干相并"表示不同的时空之间的关系。两干的关系就是时空间隔的"间"。

"气"与"彡"之间的关系。

《说文》："云气也。象形。"

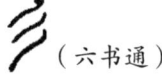（六书通）

《说文》："毛饰画文也。象形。"

"彡"是"气"之反也。气无形，彡有形。

右边的"彡"读音若"三"字的读音，就像这个"影"字，从景从彡，"景"是光，"彡"是光的影子，有光就有影。那么何为"形"？在天为气、为象，在地为彡为影。"形"字是天干之间在地上的投影,是天之气在地上的表现。

再举一个例子——"髪","身体发肤"的"髪",上部分就是长长的头发,要梳理整齐了,所以人要修身,"修"者长也,事情合乎道理了才能够长久。人是很奇妙的,头上有头发,头发乃肾气之余也;中部的"人中穴"和"膻中穴"附近有胡须和胸毛,在冲脉和肾气上行的过程中,女孩子最高能到达胸部,所以胸部比较发达,而男孩子,能冲到喉咙,所以喉结突出;在下体也有体毛。人身三处的体毛也是人体之气的表现,是气之形表。看到"彡"和"形"字,就知道古人造字不仅形音义造得准,而且对天文、地理和人体生命的形态的认知都是非常高明的。自然在创造人体的时候是很微妙的,远取诸物,近取诸身,规律是同样的,这可以从文字中表现出来。

"形"字的形从哪里来呢?"形"者"行"也,十天干有五行,从"甲"到"乙",从"丙"到"丁"等等,阴阳五行是世界上万物变化的最基本的规律。万物的变化都有其千差万别、各不相同的形态,而五行之形是变化的基础。汉字的象形字很多,在《说文解字》中有364个,约是一年之数;那么我们只要通过"象""形"这两个字本身就可以说清楚。

中国的文字和易有着相同的起源。"在天成象,在地成形。远取诸物,近取诸身。"所谓象形,象指天象,形指地形。象形来源于天文和地理。除了取象于天地外,"远取诸物"反映了人与物的关系,"近取诸身"反映了人与人以及人自身的关系。象形字本身反映了天地人的关系。这是汉字的重要特点。

在世界上其他民族的文字里,也有图形文字,但是图形文字并不等同于我们的象形文字。因为中国的文字中的象形反映的是天地阴阳变化的规律,是按照"法于阴阳,和于术数"的规律建立的,不只是简单的表意图形。

二、指事

许慎在《说文解字》叙中说:"指事者,视而可识,察而见意,上下是也。"意思是说,指事字,看见了就可以识别,观察到了就可以明白其意,一目了然,"上"和"下"字就是典型的指事字。

（甲骨文） （金文） （篆书）

字形:"二"就是古文"上"字。字音:"上"音通尚。字义:指地气上升;地之上为上。

（甲骨文） （金文） （篆书）

字形:象倒过来的"上"字。字音:下音通夏。字义:下,指天气下降;天之下为下。"上""下"相对应,字从"二"演化而来。

"本"与"末"也是典型的指事字。

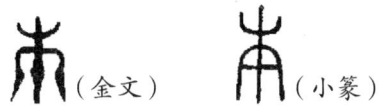

"本"的字形：从木，一在其下。字音：本音通根。字义：木的下部叫本，草木的根。

"末"的字形：从木，一在其上。字音：末音通"莫"。字义：木上曰末，树梢枝尾。

中国文化中有许多关于"本末"的概念，如"本末倒置"；"物有本末，事有终始"；"君子务本，本立而道生"；"夫孝者，其为德之本欤！"等。

指事字还有表示刀口的"刃"字，表示手腕部经络穴位的"寸"字，表示舌头上甜味的感觉位置的"甘"字，等等。

三、会意

在《说文解字》，许慎说："会意者，比类合宜，以见指撝，武、信是也。"意思是说：会意就是通过比较、归类、会合、连结等方法，来示现字的指向和意趣，"武"和"信"就是典型的会意字。

什么是"撝"？

（小篆）

《说文》中说："裂也。从手爲声。一曰手指也。""撝"字从手从爲会意得声。"撝"的字义是指手势的意思。"以见指撝"非常像禅宗的"手指"和"月亮"的关系，文字是手指头，会意是其所指向的月亮。

由于字义需要我们用心去体会，可以说任何一个文字都是会意字。

字形：上戈下止。字音：武音通舞。字义：止戈为武。

（小篆）

《说文》："诚也；从人从言。会意。"字形：左人右言。字音：信音通心。字义：以言立人为信。

单纯的会意字，它的读音和它的字义一般没有直接的关系。比如说"武"字，由一个"止"字和一个"戈"字组成，而"止"和"戈"都和"武"字的读音没有关系。这种会意字的字音是另有出处的，可是这个会意字的义，是靠各个部分会起来的。比如说这个"武"，从甲骨文到金文和小篆，它的意思和形象都是一致的。

甲骨文是我们今天知道的最早的文字，从甲骨文中，可以明显地看到"会意"的存在。从仓颉系统造字开始，"六书"就是基本的方法，"会意"是六书之一。这表明，在最早的文字里，就有会意字的内涵在里面。这是很了不起的一件事情。会意字引起了汉字字义的一个质变、一个突破、一个飞跃。就形象而言，字形必须要有象可依，比如说"日"字，要有太阳为其原型，"月"字，要有月亮为其原型。等到会意字出现的时候，就是个突破。可以由几个不同的文字，相互组合起来构成会意字，通过"比类合宜"就能看出它的意思，看出它的用意在什么地方。会意的方法使得象形的字义得以拓展，极大地丰富了人的思维和想象空间。会意是人的思维方法的智慧体现。

"明"和"易"是两个典型的会意字。

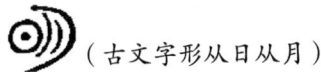（古文字形从日从月）

字音：明音通名，通命，通鸣。字义：日月东升西落，给人间带来光明。日月相对为明。

（小篆）

字形：上日下月。字音：易音通意、义。字义：和明不同，日月运动演化、相互更替为易。

"明"和"易"这两个字都由"日"、"月"之文会意而来，但是由于结构关系不同而成为不同的字,"明"是从日月东西、左右相对来会意,而"易"是由日月上下相推、交替往来而会意。在汉字结构里,左右为阴阳,上下为卦。

在汉字中,表示"心"的字形有好几种写法,除了"心",还可以写成竖心旁"忄",以及"慕"字下部的心字底。"心"字可以写在字形的下边,如"意"字;也可以写在字形的中间,如"愛"字。就"心"而言,不同的形状和位置都表示不同的意思,这都是会意的表现,没有意,也搞不出形来。方寸之间,就有阴阳变化,这个就是会意。

四、形声

形声字,顾名思义,有形有声,既有象形的成分,也有字音的成分,字音由其中的一部分来确定。

《说文解字》中说:"形声者,以事为名,取譬相成,江河是也。"意思是说:形声字,以其指事为形名,以其譬喻构成字音,"江"和"河"就是典型的形声字。

江(金文)　江(小篆)

"江"字的形、音、义:从水工声;指长江。

（金文）　　（小篆）

"河"字的形、音、义：从水可声；指黄河。

在"江"和"河"中，一看到"水"，就知道其所指和水有关，非常直观明确，再从"工"和"可"的譬喻里找到字的读音以及相关的字义。在现代汉字中，很多字的读音已经和其字中所表示的读音发生了很大的变化，比如说"江"字，从"工"字得声，但是其现在的读音已经不读"工"声。"工"字的读音现在还保留在"缸"字中，"江"字读作"缸"的声音。其读音今天还保存在粤语的发音中。在汉字中，字音的流变是比较快的，但是要把整个体系中的字音都变掉，也是一件不容易的事情。

形声字的特点非常明显，一个形声字通常由几个字组成，从其中的象形部分可以知道该字和什么样的事物相关联，并且从其中还可以知道字的读音，形声字的字音和其组成中的某个字的字音相通。比如说"闻"这个字，在古书中的标准说法是："从耳门声。""从耳"表示"闻"字所表示的东西从"耳"字而来，与耳朵有关。"门声"表示"闻"字的字音从"门"字得来。同理，"糕"是形声字，"米"是其形的宗，"羔"是其声的源。

下面讲一下在古代如何给字注音。有两种方法，一种是直音法。比如说在"良莠不齐"的"莠"字后面注上"读若有"，就是其读音和"有"字是同一个读音。直接用一个相同的音去注解，叫做直音法。还有一种叫"反切法"。比如说"东"字的读音叫"都宗切",就是用"都"字的声母和"宗"字的韵母相互切入,犹如今天的拼音。远在唐朝,由于受到印度梵文读音的影响,中国文字的音韵反切也发展起来。

反切法很有意思,不是随便选字音来切入的。比如"东"字,用"大红切"可以吗?从注音上讲是可以的,可是古人不是这样的,古人选来用作反切的字,其字义常常也是相关的,差不多怎么解这个字,就用选和字义相关的两个字来切入。"东"就是这样,叫"都宗切"。"东"是东方,代表春天,是一年四季时空的起点,是都要所宗的,故称"都宗切"。

反切法中字音的选择可以启发思考,它不仅告诉字的读音,而且还告诉这个字是什么意思。音是通意的,什么叫做通?通者,同也。同者,通也。这种解释方法叫做音训法,以音来训字义。

形声字抓住了汉字象形的类象功能和字音变化的灵活性,非常适合表示一类事物并加以区分,是一种非常简单方便的造字方法,比如"氧"、"氢"、"氮"、"氦"都是"气","江"、"河"、"湖"、"泊"皆宗"水",且字音各有所表。从古至今,汉字中的大多数都是形声字。在《说文解字》中,形声字约占八成;在《康熙字典》中,形声字约占九成;在现行通用的简化字中,形声字也占绝大多数。

五、转注

转注是一种造字方法。

《说文解字》中说:"转注者,建类一首,同意相受,'考''老'是也。"意思是把同类的字建立在同一的部首下,字的意思可以互相转注,互相受授,"老"和"考"就是典型的转注字。

（甲骨文）　（金文）　（小篆）

《说文》:"考也;七十曰老,从人、毛、匕,言须发变白也。""老"字本身是会意字。由人、毛、匕三字会意,字义:须发变白为老,指七十岁的老人。

（甲骨文）　（金文）　（小篆）

"考"字本身是形声字。《说文》:"老也,从老省,丂声。""老"和"考"字之间有部分相同的字形,且字义相近,故而可以互相说明。老者,考也。考者,老也。"考"、"老"互为转注。

转注字的基本特点是"建类一首,同意相受"。所谓"建类一首"就是按照一个相同的部首把相关的字归结成一类,或者说这一类字中都有一个相同的部首。所谓"同意相受"就是有着相同的部首的字其意也是相同的,这个相同的意可以在有着相同部首的这类字中互相受授、互相传递、互相转移、互相说明。字意可以在依着同一个部首而建立的这一类字之间流转，就如同从一个容器注入另一个容器中一样，并且可以互相传递。

"老"和"考"这两个字的关系在《说文解字》中的标准说法是转注。什么叫转注？我读一遍你就知道了：什么是"老"？"老"者，"考"也。什么是"考"？"考"者，"老"也。互相说明，"考"说明"老"，"老"说明"考"，就叫互为转注。父在称"父"，父没称"考"，"先考"是对已经逝世的父亲的一个尊称。在"老"和"考"里，字形相同的部分是"耂"，依着"耂"可以"建类一首"，相同的意可以互相转授。这样的两个字互为转注，称为"互训"。转注字并不局限在两个字之间，还可以在多个字之间转注，如"老"、"考"、"耆"之间互为转注。

我们来看一下"同意相受"的"受"字。

（小篆）

"受"的篆书，上面一个"手（爪）"，下面一个"手（又）"，中间是个"冖"字形。"受"的字形，像两只手在上下交付。从天地的角度想象，上边的"爪"为阳，为天，下边的"又"为阴，为地，中间的"冖"像遥远的天际，受是天地的交付。去掉中间的"冖"字，剩下的部分是个"受"字。

《说文》中说"受"为:"物落;上下相付也。从爪从又。"字形为两手相对,很像太极拳的"抱球式",字音读若摽着劲的"摽",字义是上下相付,阴阳相对。

进一步区分,在"受"字上再加上一个提手旁,就是"授"。"授"主动,是授予;"受"被动,是接受。古语说,男女授受不亲。其中的授受都来自"受"。"授"是从"受"转注而来,"授""受"就是转注的基本之象。

从"建类一首,同意相受"可以看出,汉字的字形同类同意、同形同意,这是我们通过研究转注字得出的结论。在同类同形的字之间,字的心意可以流转,互相转注。

在关注汉字的同形同类的时候,也要注意字形的流变带来的问题。

("泰"的小篆)

("春"的小篆)

("秦"的小篆)

"泰"、"春"、"秦",这三个字的楷书字形有相同的地方,但

第五讲 造字方法:"六书" | 107

是其小篆字形则全然不同，这三个字分别属于不同的部首。

转注可以使心意在一类部首相同的字之间流转，这是转注的最大特点。这个特点是字义产生的重要方法。我们知道，中国文字有形音义三个方面的内涵，即字形、字音、字义，转注是获得字义的重要方法。

转注成立的基础是文字的类象，正因为有类象的存在，使得我们可以用一个部首去代表一类事物。对于文字来说，这是一个巨大的优点。比如说，已经有了一个"老"字，"老"字可以用来表示一个人年龄很大了，凡是年过花甲六十岁以上的人都可以称为"老"者。如果要表示一个八九十岁的人用什么字呢？还用"老"字啊，"老"字作为类的基础，用"耄"、"耋"就可以了。

我们知道，造一个字是非常不容易的，有了一个字，一定要加以充分利用。转注字使得我们可以用一个字来表示一类事物。退一步说，即便造字很容易，也不能每遇到一种情况都造一个字。那就太繁杂了，根本看不出一个文字所具有的高度的概括性。

比如说针对所有与水有关的事物，我们都可以用一个部首"三点水旁"来表示。海是水，江是水，河是水，湖是水，"水"的字义可以在同一部类字之间流转，这是汉字高度概括性的体现。

前面在讲到汉字的整体结构时，我们说过，汉字因其类象分为五百四十部首。这五百四十部首是对天地万物化生的表征，都是从"一"中承蒙依次而生出来的，这是部首与部首之间的关系。

现在通过对转注的意义的解析，我们知道，在同一个部首这一类字中，字义是通过转注来传递的。如果用"变"来表示字义在不同部首之间的生化，用"转"来表示字义在某一个部首内部的流转，那么用"转变"二字就可以表示整个汉字字义的变化发展过程了。

在《说文解字》中，转注字不少，"远"和"辽"互为转注，"绩"与"缉"互为转注，"意"和"志"互为转注，"聆"和"聽（听）"互为转注，"聲（声）"和"音"互为转注。还有一对，"排"和"挤"互为转注，"排"者"挤"也，"挤"者"排也"，"挤"的本义是使之齐也，并不是后来引申的挤作一堆的意思。

六、假借

假借是一种造字方法。

《说文解字》中说："假借者，本无其字，依声托事，'令''长'是也。"这里假借的意思是：本来没有那个字，依照音同而把意义寄托给它，也就是借了一个同音字而赋予其新的意义所形成的字。县令的"令"和县长的"长"就是典型的假借字。

《说文》:"发号也;从亼卩。"字形:上亼下卩。字音:令音通命。字义:发号集众。

"令"字的本义是"命令、号令"的意思,"令"上为"亼",下为"卩"——符节,合起来就是"令"。甲骨文里面,"令"字十分形象,就是一个人跪在地上听从命令的形象,其金文的字形也是一个人在听令的形象,从文字的演变中能看出来它的意思表现得十分直观。但因其读音与"县令"之"令"相同,所以就假借"命令"之"令"为"县令"之"令"。而且这个意思也很相近,"县令"不也是发号施令的人吗,而且发号令的也一定是官长,于是把它借来一用。

"长"字的本义是"年长",其甲骨文的字形就是一个长发老者的形象,但因其读音与"县长"之"长"相同,而且往往长者就是领导者,就假借"年长"之"长"为"县长"之"长"。

假借,指语言中有了某个词,现实中已经有了某件事,但还没有表示这个词的字,于是就在通行字中找出一个有关的同音字先借来用一用,"用着用着"就成了一个新字了。就"命令"和"县令"二词而言,从字的流变上说,有如上的假借关系,但其假借的非常完美,以至于这两个词中的"令"的意思基本重合了。"年长"和"县长"中的"长"字也是完美的假借,以至于今天我们都认为它们本来就是这样,不知道其间还有假借关系。

这是假借不还的情况,还有先借再还的情况,"自"与"鼻"的关系就是。

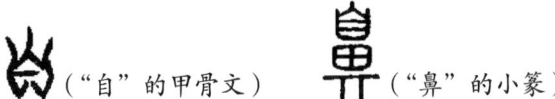

如"自"的字形就是画了一个鼻子,是鼻子的象形,字义就是鼻子。后被假借为表示"自己"的"自"字,慢慢地喧宾夺主,"自"就主要被用来表示"自己",于是又造了一个"从自畀声"的形声字"鼻"来代替原来的"自",还了所借的字一个新字,表示"自己"的"自"就这样弄假成真了。

再看看"亦"与"腋"的假借关系。

"亦"的字形是在"大"的两侧加上两个笔画表示腋下,是"腋"的本字,后借为副词"亦",表示"也"的意思,亦是假借成名,后来又造了个"腋"字来表示原来的"亦"。从造字法来看,"自"是象形字,"亦"是指事字。

"莫"和"暮"也是成功假借的字例。在上古时代,由于字少,假借字普遍出现。

最后再来看看假借的作用和意义。

一个文字系统，从整体上应该具有完备性，简单说要有包容性，其中包括对错字的处理，用今天的术语来说，就是容错性要好。现在有人认为，古代的假借字就是今天所说的"错别字"，就是写这个字的时候，音是知道的，但是写了个白字。即便是个错别字，也应该能为文字系统所兼容，而不要带来破坏性的结果。

但是在古代，假借是一个文字得音的方法，保持字音不变，放在另外一个地方，就成为了另外一个字。这多好啊，如果没有假借法，我用了这个字，你就不能用这个音，那我们要造出多少个汉字啊？今天，我们取一个名字尚且如此困难，何况是造字呢？尤其在古代，字非常少，假借是一个非常有智慧的方法。

"假"一方面是"真假"的"假"，还有一方面，"假"者"大"也，如何把一个事情放大，它的发展中有慢慢转化的过程。

事物因假而大，因借而传。我们知道，汉字还是多音字。同一个字形的字，可以有多个读音，这也是因假借引起的。

从文字"用"的方面来讲，因为有假借，汉字的数量少了很多，一字多义，否则一字一义，那么这个数量就很庞大，用起来也很不方便，而且会使事物之间缺少了它们的联系，每个字都变成独立的了，那么怎么样联系呢？没有假借，就没有了桥梁。假借是得音之法，音通义通，是现实之中事物联系的一种反映，为它们之间的沟通开辟了渠道；是十分自然的，恰乎其分。这和错别字不是一个概念。

七、"六书"的整体结构

需要强调的是和"象形"、"指事"、"会意"、"形声"一样，"转注"和"假借"是造字法，而不只是用字法。"转注"是汉字得义的重要方法，"假借"是汉字得音的重要方法。

一个汉字是包括了形音义三方面的内涵，字形是造出来的，字音和字义也是造出来。

在周朝的时候，"六书"就已经完备了，就是一个很确定的说法。许慎在《说文解字》说："周礼八岁入小学，保氏教国子，先以六书。"今天从商代的甲骨文中，也可以看到完备的"六书"，从历史的角度说，仓颉造字，造的就是系统的"六书"。象形、指事、会意、形声、转注和假借，这六个方面构成了中国文字造字方法的完整的体系。和《周易》的卦象一样，八八六十四卦虽各有不同，但是每一卦都离不开乾、坤阴阳的变化，都是一个统一的整体，"六书"也是这样。

从这种意义上讲，任何一个字都有"六书"的内容。比如"子"字，是个小孩子的象形，但是难道其中没有会意吗？文字不是图片，现实世界上也找不到这样的小孩子。象形是一个提炼和概括，象的本身就是要表达某种意思,有借鉴、类比,象形中也包括了其他的方法,比如会意等,象形实际上是综合的概念。"人"字是个象形字,其中也有会意的成分;"天"字是个指事字,也是在象形基础上的指事,天者,颠也,亦有会意和借声。这里的关键不是只看某一个字,而是从全体所有字的体系中看待汉字的形音义。不是"天"这一个字反映了真实世界的天空,也不是"天"这一个字表现了人类对于天的思想观念,而是"一"、"大"、"颠"等等许许多多的字(包括字形、字音、字义)构成了"天"这个字,而"天"这一个字只是最后成形的一个符号。"六书"是不可分割的。

易的卦象可以用来模拟这个世界的发展变化,表现事物的规律,当然也可以用来模拟和表现人类是怎样用符号来反映这个世界的,可以用来表示造字的思想和方法。可以用一卦的六爻来表示六书及其关系。

外卦	上爻	假借			音
	五爻	转注		义	
	四爻	指事	形		
内卦	三爻	形声			音
	二爻	会意		义	
	初爻	象形	形		

在"六书"和"六爻"的对应关系中,内卦的三爻和外卦的

三爻是对应关系,"初爻"的"象形"和"四爻"的"指事"相对应,是文字字形的基础,代表了三才之道中的"地";"二爻"的"会意"和"五爻"的"转注"相对应,是获得字义的方法,代表了三才之道中的"人";"三爻"的"形声"和"上爻"的"假借"相对应,是获得字音的方法,代表了三才之道中的"天"。可见,"六书"是中国文化世界观的体现,是中国文化方法论的具体运用。

中国的文字是在形音义三才之道的基础上,合阴阳内外变化之道而形成的,"六书"就是其表征,没有"六书",不能说完成了造字。我们说"仓颉造字",不是指在黄帝的时代有了原始的文字符号,而是指"六书"的系统的思想方法,已经创立了。

《易》曰:"后代圣人易之以书契。"什么叫书契?今天我们知道,"契"是"契合"的意思。什么是"契"?

（小篆）

"契"的字形,下边是个"大人"的"大"字,右上方是个"刀"字,左上方是个"丰"字。这个"丰"字中的"三横"是斜写的,是个"彡"字,而"彡"是"气"的反形,中间的一竖是个"丨"字,字音读若"滚"。因此,这个"丰"字,表示一气贯通三才,化生万物,上下通达。《说文》中说"丰"为:"从生,上下达也。"

"大"字则是通天达地的创造书契的"大人"的象形。《易传》中说:"夫大人者,与天地合其德,与日月合其明,与四时合其序,

第五讲　造字方法："六书" | 115

与鬼神合其吉凶，先天而天弗违，后天而奉天时。天且弗违，而况于人乎？况于鬼神乎？"这是对造字圣人品德的描述，代表了中国文化所达到的应有高度。

"刀"字表示用刀把文字刻下来。

如果没有完备的造字方法，怎么能够符合阴阳之道，怎么能够和天地万物相契合！"六书不备，难成书契！"没有完备的"六书"，怎么能够称为"书契"呢？

"六书"是易学思想的体现，是一套完整的造字方法，使天下义理都归于文字，使天下文字都归于"六书"。

第六讲

说文解字:从"人"到"仁"

前面讲了文字产生的过程,现在我们再来讨论了解和认识文字的过程。

我们的祖先在最初创立文字的时候,仰观俯察,依类象形,这个时候的文字叫"文"。以后在"文"的基础上,利用"文"的字形和字音互相组合派生,这样产生的文字叫"字"。"文"是事物本来的形象,"字"是由"文"孳生、派生出来的,数量众多。后人逐渐不再严格区别,统称为文字。

"文"只能说明,不可分解,而"字"是可以解释的。

按照"文"和"字"含义的这种区别,象形字和指事字是文,会意字、形声字、转注字和假借字是字;说明解释象形字和指事字叫做"说文",而说明解释会意字、形声字、转注字和假借字叫"解字",合称"说文解字"。

一、说文解字

说文解字是文字创造过程的再现。现在看到的文字都是已经被历史造好的文字，这些文字记载着经典和卷帙浩繁的书籍，承载着全部的中国文化。文字是载体，是我们学习中国文化的基础。我们用文字来记录、表达对世界的认识和看法。学习的过程必须要通过文字，透过文字可以认识世界、承载历史、延续文明。

　　文字有形音义三个方面的内涵。学习文字也可以从这三个方面来展开。看见任何一个字，都要问一问：它的形音义从何处而来？这是一种很适用的学习方法。就像我们观察一个人一样，首先会注意他的外貌形象，然后会去听他所讲的话，不仅如此，还要看他的行为，光讲得好做不到是没有用的，所以要听其言，观其行，会其真意。

　　学习和认识一个文字就是认知了解和其相关的事物与情怀。学习文字的过程，就是格物的过程。

　　我们来看看说文解字的"说"和"解"字。

說（小篆）

《说文》中"说"为："释也；从言兑。""说"是会意字，从言从兑会意。"兑"本身为八卦之一，其类象为"口"、为"言"、为"少女"、为"悦"等等，可见对"说"字的会意取决于对"言"与"兑"理解的多少。"说"应该能释人困惑，使人宽慰、喜悦。"说"的字音通"脱"，"说"要能使人释然、解脱。"说"的字音还通"朔"，通"烁"，"说"能使人追根溯源，心意明了。

𦡊（小篆）

"解"字是个会意字，从角从牛从刀会意。"解"的字音通"节"，通"介"，通"揭"，等等。说到"解"，还会想起"庖丁解牛"的故事。《说文》解为："判也。从刀判牛角。"为什么用"刀判牛角"来会意呢？这要来看"牛"！看看物体的"物"字。

"牛"是个典型的象形字，牛角一画，惟妙惟肖。《说文》解牛为："大牲也。牛，件也。件，事理也。象角头三封尾之形。"

 （甲骨文）　　物（小篆）

"物"的字形从牛，"物"表示生物，牛为其大者，甲骨文字形的上部是个"以刀分二"的象形，就是在会意："物"是能够分阴阳雌雄的生物，牛是生物之大者，为诸物之首。所谓"物理"，就是生物之理，就是阴阳雌雄之理。"物"字今天被引申为"事物"，从生物扩大到非生物，泛指一切事物，可是归根结底，"物"还是因着其阴阳的特点而化分和判别的。在天象上，牛对应着"牵牛"星，这"牵牛"星就是有玄武之象的北方七宿"斗、牛、女、虚、危、室、壁"的牛宿，其所分野对应的地支为北方"亥子丑"中的"丑位"，在十二生肖中"丑"就是牛。传统文化中描述天

第六讲　说文解字：从"人"到"仁"　｜　121

地万物化生为:"天开于子,地辟于丑,人生于寅。"这是说万物以"牛"为首,牛为物之大者。《说文》解"物"为:"万物也。牛为大物,天地之数起于牵牛,故从牛勿声。"

顺便说说万物的"万"字,简体字的表意很直接,就是从天之"一"而向下化生,而未简化的"萬"字字形字义都从"虫"。中国文化把万物都归结为虫,说到"万物",首先是指各种生命,毕竟生命才是我们这个世界的主角。

牛角是牛的关键部位,能"判角"则能"解牛",能"解牛"则能别"万物",乃至判分阴阳,格物致知。

确立了中国文字的世界观,了解了"六书",再来看文字,就会有一种以前没有的感觉:文字的空间被打开了,广阔的天地万象、悠久的历史文化、博大精深的意境、千姿百态的情怀、厚重悠远的道德,都可以在天地人心中,在字里行间得以体现。

由此看来,识字不只是记住这个字怎么读,怎么写,字面是什么意思,而是要"以文入观"。从文字的字面回到创立文字的广阔的自然和文化背景中,去观想文字描绘的场景,去诵读发出文字的声音,去体会文字的意境。识字不只是认得和记住,而且还要了解与这个字相关的文化背景、历史知识、思想境界以及人文情怀。识字是一个生动活泼的再现文字创立的过程。

识字是一个还原的过程,在这个过程中我们可以吸取知识,吸取生活和历史的经验,并且使得我们的情怀也得到陶冶,生命的提升也得到潜移默化。

识字不以多少论高低，而是以能还原为目的，因为返回源头就会再生，所谓"一阳来复，生生不息"。朱熹《观书有感》说得好："半亩方塘一鉴开，天光云影共徘徊。问渠那得清如许？为有源头活水来。"识字要以中国文化的世界观为指导，要以广阔的中国文化为"手指"，以完善生命、回归心性为"月亮"。通过识字学文，和格物致知相关联，是学文字的教育意义之所在。

学习汉字，写的是形，读的是音，传的是义。造字的方法是"六书"，学习的方法也是"六书"。

二、从"人"到"仁"

下面把十个汉字串在一起，说文解字，看看祖先在汉字里面给我们留下了哪些信息，讨论怎么样通过文字载体本身去认识中国的文化。

1. "人"的意义

下面所写的是几个"人"字，按照年代排列分别是：

𠂉（甲骨文）　　𠂉（金文）　　几（小篆）

甲骨文的字形，像侧面站立的人的线条形状，面朝左，上端是头，向左下方伸展的一笔是臂，中间是身子，身子下面是腿。金文和小篆基本上和甲骨文相同，小篆的腰部弯曲更大一些。到了楷书，"人"字已经是规范的书写了，一点也看不出"人"的直观样子了。

从这个"人"的象形来看，"人"字不像是某一个人对自身的描绘，而是像站在旁观者的立场对"人"的刻画。因此，这个侧面像的"人"字应该是对人的类的描绘。在前文讲到"结绳记事"的时候，我们曾经提到过，"人"字的字形来源于由"结绳"所表示的父子的血缘血脉关系。

中国文化说起"人"来，不离天地。汉字虽然是个小方块，里面的内容什么都不少。从"人"字本身，可以看出其具有如下含义：

第一，"人"字，是直立的字形；人，首先要站起来，和动物相区别。

第二，"人"字，从上到下；人，要顶天立地。楷书的"人"字可以表意为：人是天地阴阳化生的产物。

第三，"人"字，只有两个笔画，一撇一捺，左阳右阴；人分阴阳，分男女，互相支撑，女人是男人的支撑，男人是女人的遮盖。

第四，"人"字，两笔一上一下；人，上有祖先，下有子孙，人类有责任承上启下，继往开来。如同"结绳记事"所表示的血脉关系。

第五，"人"字，读音通仁。人与人之间要讲仁爱。

《说文》中说："人，天地之性最贵者也。"并说"人"的字形来自更古老的大篆"籀文"，取象于人的"臂胫之形"。

中国文化中最注重对人的意义、对人性的阐发。从智力的角度来说，人具有足够的智慧去认识世界和自身的生命，可以通过学习和教育使得人成为有理性的生命，逐步去除动物的属性，建立属于人类的理性。人类区别于动物的地方在于人有文化，人的文化的标志就是人有"礼貌"和"礼仪"，懂礼是人的觉性的体现。

礼者，理也。在天为理，在人为礼，礼是天理之现于人也。《礼运》说："人者，其天地之德，阴阳之交，鬼神之会，五行之秀气也。"又说："人者，天地之心也。五行之端也。食味别声被色而生者也。"人因为有这些品德而区别于禽兽草木，天地所生的万物中唯有人才有智慧与能力与天地相参，人与天地构成三才之道。

《易》中说："立天之道，曰阴曰阳。立地之道，曰刚曰柔。立人之道，曰仁曰义。"人以其有仁义而和天地并立。唯人能与天地合德，故为天地之心，因此被称为"天地之性最贵者也"。据段玉裁考证，"果仁"的"仁"字，在宋元以前的《本草》、《方书》、《诗歌》、《纪载》中都写作"人"字，到了明成化重刊《本草》时才全部改为"仁"字。"天地之心谓之人，果实之心亦谓之人。"可见"人"字的意义：人是天地之心，是天地的果实，是天地的种子。

"人"是人的侧面象形,有没有人的正面形象的象形字呢?

2. 大人的"大"

"大"字的字形是一个正面的手足展开的人的象形。

甲骨文、金文、小篆都像正面的"人"形,有手有脚,楷书则把人伸出的两臂规范成了一条直线。从字音上看,"大"音同"达(達)",同音同义,大者,达也。"大"是通达的意思。《说文》:"天大,地大,人亦大。故大象人形。"人因能与天地相参而与天地并列为大,《道德经》也说:"域中有四大,道大,天大,地大,人亦大。"

为什么今天"大小"的"大"字,是从一个"人"形而来呢?"人"为"万物之灵",所以上古以人为大,就成了"大小"的"大"了。这是拿人和其他低级生命相比较而得出的结论。如果要比较,为什么用"大"而不用"人"字去和其他生命比较呢?

"大"之所以为大,是人自身比较的结果。"大"字"两手"、"两脚"充分展开,除了长大成年以外,主要表示人的活动,是具有能力的象征,所谓"大"展宏图。"大"是人中拳脚厉害的人、有本领的人、有指挥能力的人。古代的大人、大夫是对人的尊称。

"大"是汉字五百四十部首之一,从"大"的字往往与人类或人事有关。本义:不仅体大,而且有能力。

从"人"到"大",已经把人的四肢展开了。那么人的头脑怎么表现呢?

3. 天者颠也

下面是"天"字。

甲骨文就像正面站立的"人"形,突出了上面的方框"头"。这个甲骨文的"天"字是个象形字。金文字形更像人形。小篆的写法,上面的一横表示头。

《说文》:"颠也;至高无上。从一大。"颠就是头,颠倒就是头朝下。按照《说文》的解说,这个"天"字是个会意字。怎么会意呢?"从一大",用"一"和"大"来会意。"一"表示"道生一"的"一"("天地"的"天"),"大"表示人,"天"是"一"和"人"的结合。"天"用"人"形来表示,"天人合一",用意深远。

从"指事"的角度看,"天"的小篆字形也可以说是个指事字,如同本末的"末"字在"木"字的上部加上一个指事符号一样,"天"字也可以看成是在"人"字的上边加上一个指事符号,

"人"的顶部突出的一横指事人的头部。可以说,"天"字是象形,是指事,也是会意,是"六书"的综合。

说到这个"天"字,真是非常感叹先人造字的智慧。我们可以问问自己能不能另造一个天空的"天"字,有条件的话,我们搞一个有奖征答,看看能不能找到一个更加准确的表达。有次上课时提到这个问题时,有人说画画猜谜语:画个人在吃饭,打一个字。谜底是"天"字。为什么?民以食为天吗!这个谁晓得啊!猜谜语也是会意,猜不透谜底,也是不会意。

人中管人的叫"大"人,"大人"上面还有管"大人"的,那就是天啊。天管大人。天是自然,是规律,是道。

我们经常说中国文化的"天人合一",现在可以从字上面来加以体会。人体是宇宙的缩影,头部就是天。"天"和"人"在"一"处相合。从文字的角度说,有了这个"天"字,就表示中国文化"天人合一"的世界观已然确立。

既然人的头是天,天是头,那么人的思想就是天意,人应该以天意为自己的思想。

下面我们来看看人的规范。

4. 丈夫的"夫"

下面我们来看"夫"字。

夫（甲骨文）　　夫（金文）　　夫（小篆）

"夫"是个象形字。甲骨文的下部是个站着的人形（"大"字），"大"的上部有一小横，表示头发上插一根簪，意思是成年男子，是个丈夫了。古时男子成年束发加冠才算丈夫，故加"一"做标志。"夫"的本义是成年男子。

《说文》："丈夫也。从大，一以象簪也。周制以八寸为尺，十尺为丈。人长八尺，故曰丈夫。"

"夫"字上面的一横，象形是束发的一根簪，表意为成人的规范。

那么什么是成人的规范呢？什么是"大""丈夫"的行为标准呢？

和"天"字相比较，"夫"字的一横向上平移，升到顶就是"天"，天意就是人的规范的上限。男子汉"大丈夫"要"顶天立地"，就是要把这个规范向上升，从凡夫升为"天"，要合道。

反过来说，如果做人做事违背了天意，"天"字头上过了一点（相对地看，就是"天"上面的一横向下降），过了头就是凡"夫"。俗语"过了头"就是"过了天"的意思。"过犹不及"，都是不对的。

5. 天倾为"夭"

下面是"夭"的几种字形。

"夭"是个象形字。甲骨文像一个人两臂一上一下扭曲的样子。金文的形体基本上和甲骨文相同。小篆则把弯曲的两臂之形改为象右歪头，像头部屈曲的样子。楷书把歪头改为一撇。

在甲骨文和金文字形中，两臂上下扭曲象征着手的动作不平衡，象征着人的行为不规范。到了小篆字形中变成头的屈曲，更深刻地表征着思想的不平衡和不规范，头不正当然手臂也不能平正。到了楷书中，表示头部的一横倾斜了，"天"上面的一横倾斜了，就成了"夭"。从表达的意思上看，"夭"字从甲骨文到楷书是一以贯之的。

"天"上面的这一横不能歪斜，否则人的头就不正了，头不正则成夭。

人的头（思想）是通天的。思想歪了，就成夭了。

《说文》："屈也。从大，象形。"甲骨文是个象形字。小篆的字形可以看成是个会意字，从大而屈其首。《论语》里说："申申如也，夭夭如也。"申者，腰之直；夭者，头之曲也。

另外，夭（殀）表示短命，早死。未成年而死叫做夭。《释名》曰：少壮而死曰夭。

"夭"的本义就是"屈"，屈的"过了头"，就会折断。所以由"屈"能引申为"折"，短命可称为"夭折"。一件事情未能做完，也可称为"夭折"。就其根本而言，"屈"的原因在于思想的倾斜。人的思想和头脑不正就是"夭"，"夭"则"天倾"，"一"倾则阴阳失衡。如果刻意强调一下，加个"女"字，就成"妖"了。

这个妖字，是个形声字。女字为形旁，说明妖的表形形式。夭为表音部分，音是心意之所在，妖的根本在于夭的倾斜，夭是阳性、男人的表现。所以，妖并非歧视女性，男人的头脑出了问题才是妖的根本。

通过对上面从人的侧面到正面有关的几个象形字的分析，可以看出差不多每一个汉字中都包含了一个道理，通过汉字我们可以了解先人的世界观和方法论。下面我们再从文字中来考察一下人与人之间的关系。

6. 二人相"从"

下面是"从"字的几种字形。

《说文》："相听也。从二人。"甲骨文是两个面朝左站立的人，一个跟随着一个。金文和小篆，都是两人相从的样子。汉字真是一幅惟妙惟肖的图画，从"从"字中我们甚至可以体会到跟随者与被跟者形态的差异，在甲骨文和金文中表现得尤其明显。小篆增加了表示行走的部首,强调了"从"的动态。

"从"非常明显,是个会意字。本义:随行,跟随。前后相随,排成一队叫纵队。

7. 反"从"为"比"

先看"比"的几种字形。

(甲骨文)　　(金文)　　(小篆)

《说文》:"密也。二人为从,反从为比。"

甲骨文是面朝右并站着的两个人。金文和小篆都是两个人同向靠在一起的形象。楷书的写法,由于隶变的关系,左右的两部分已经看不出两个人的形象了。

"比":是个会意字。从二匕,匕亦声。像两人步调一致,比肩而行。本义:并列,并排。并由挨着很近而产生了"比较"的意思。

"比"与"从"相比,甲骨文字形,它与"从"字同形,方向相反;仔细看看,"比"的字形中的两个人基本上没有什么差别。

8. 相背为"北"

下面是"北"的几种字形:

（甲骨文）　　（金文）　　（小篆）

甲骨文的形体是两个人背靠背地站着，金文和小篆也是类似的样子，楷书好像是两个人背靠背坐着似的。《说文》："菲（音乖）也。从二人相背。""北"是个会意字。本义：相背或背。古时作战，打了败仗，向后逃跑总是以背对敌，所以"北"亦有"败"的意思（"北"和"败"音亦近）。所谓"败北"，是指打败仗。

"北"表示北方，为什么呢？因为在中国文化中，圣人面南而治，向明宣化，所以背对的方向为北方。这种定方向的方法导致了传统的地图、太极图和今天的地区方位不一样。圣人先王面南而治，则左为东，右为西，前为南，后为北，反映在传统地图上就是：上南下北，左东右西。

今天，表示北方的"北"字，是个假借字，把表示"背"的"北"字借来表示北方的"北"，后来为了区别，又造了个"背"字代替原来的"北"，而"北"就主要成了表示北方的"北"字了。

9. "人"转为"化"

下面是"化"的几种字形：

（甲骨文）　　（金文）　　（小篆）

《说文》："教行也。从𠤎从人，𠤎亦声。"

甲骨文的左边是一个面朝左侧立的人，右边是一个头朝下脚朝上面朝右的倒人。金文和甲骨文相类似。

"化"，是个会意字。从七从人会意，"七"是个倒过来的"人"，"化"像二人相倒背之形，一正一反，以示变化。本义：变化，改变。

为什么"化"字用两个互相颠倒的人来表示呢？这就像太极图一样，千变万化莫过于太极了，如果左边的人像一条阳鱼，那么右边的人就是代表一条阴鱼，"化"是典型的太极图的变形。

在中国文化里，还有一个意思。时空是有维度的，那么我们来想想，在动物的眼睛里面，我们人类是什么样子的？据说在动物的眼睛里，人是倒过来的。维度不同，看事物的角度也是不一样的。

维度不同，看事物就不一样，简单地说，高一个维度看低一个维度，生命正好是倒过来的。所以化的意思很深刻，什么叫化呢，拿着人来讲，人要超越自己现有的生命，向更高的生命形式转化，这才是人的目的。人并不是生命最终极的形式，人的特点要转化，变化的特点是一点一点地变，转化的"转"是什么意思，转就是掉头。所以人常劝人苦海无边回头是岸，回头很重要，方向错了。所以天人看人就好像我们人看动物一样，动物头是朝下。植物也一样，植物的根朝下，人的根是长在虚空里的。在头上面，所以在头上面划一杠，人头为天。这个是转化。而且这里面的"化"字就是一个太极图,非常对称。什么是化?把一个人颠倒过来才叫化,化是要发生这样颠覆性的变化,变是渐变,化是突变,变是量变,化是质变。把人颠倒的生命再重新颠倒回来,才是真的文化。

10. "仁"者人也

尸（金文）　　仁（小篆）

"仁"的小篆字形,左边是个侧立的人形,右边是个"二"字,"仁"是个会意兼形声字,读音和"人"完全相同。字中的"二"也可以说是个"重文"的记号,也就是说仍然是个"人"字,而且是和第一个一模一样的"人"字,如此一来,"仁"字也可以说是个指事字。《说文》说"仁"为:"亲也。从人从二。忎,古文仁从千心。古文仁或从尸。"其中提到,"忎"是"仁"字的古文写法,还有个古文的字形由"尸"和"二"会意组成,其字形如同上面的金文字形,"人"字倒下来就是个"尸"字。

今天我们知道,"仁",是中国古代一种含义极广的道德观念,其核心指人与人相互亲爱。儒学以之作为人的道德标准。

从文字的角度看,有了前面对"人"字和几个表示"人"之间关系的字的分析,可以相比较来分析"仁"的意义。

"仁"表示的是人与人之间的相互关系,其表意的核心就是

"二"。

从比较的角度说,这个"二"的关系不能像"从"字那样表意,也不能像"比"字那样表现,不是"北",也不是"化"。作为"仁"的关系中的"人",也就是一个"仁"义之"人",应该具有如下品德:不攀比,不盲从,自尊自爱,自足平等;由己及人,所谓"己所不欲,勿施于人"是也;"老吾老以及人之老,幼吾幼以及人之幼"是也。

从自身的角度说,"二"表示"上下",表示"天地",表示"阴阳"。"仁"是天地之心,是天地的种子,是上苍赋予人的最基本的属性,反映人自身,人与天地之间以及人与人之间的最基本的规律。

在父子,是孝亲;在兄弟,是友和恭;在夫妇,是和顺;在君臣,是忠爱;在朋友,是信任。

"二",上面一横表示天,下面一横象征地。人的"仁"就是要人效法天地,天地的德相就是仁的要求。《道德经》说:"人法地,地法天,天法道,道法自然。"在一切关系上,"仁"的标准是道德的,在天为道,在地为德,在人为仁。"仁"是人的种性,是人的天赋,是人区别于草木禽兽的地方,是人之所以立于天地之间的根据。"仁"是最符合自然规律的,是阴阳二元之下最好的、最人性的、最科学的。

"仁",亲也。

親（金文）　　親（小篆）

"亲（親）"字的左半部，上边是个"辛"（小篆字形，金文为"辛"，楷书是"辛"字的省略写法），下边是"木"；右半部是个"见"。在传统文化中，"木"主东方，五德为仁。"辛"的五行为金，主西方，五德为义。由此观之，"亲"，就是以仁义待人，是道的示现，所谓"立人之道，曰仁曰义"。

由此，可以通过汉字本身了解先人的道德观念，处理人事的智慧和方法。

第七讲

"言行举止"——君子之枢机

言行举止，是行为规范的重要话题。下面我想通过文字本身来看看其中所蕴含的道理，比如说"言"字，把字说解了，"言"之理也就有了。把这个字讲清楚了，想表达的意思就讲完了。这是文字课的一个特点，我们学校的老师在讲课时喜欢先讲讲与主题有关的文字，因为文字本身就有文化最基本的内涵，回到文字就是回到文化的源头。

一、"言"为天地法度，亦为人之心声

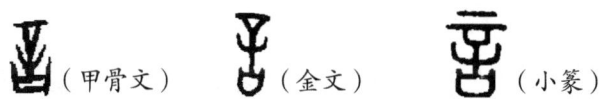

"言"的字形上部是个"辛"字，下部是个"口"字。《说文》："直言曰言，论难曰语。从口辛声。""言"是一个形声字。从"口"得形，从"辛"得音。直言曰言，按照自然的法则、阴阳的道德来说话叫做"言"；论难曰语，解答疑难的问题称为"语"。为了解释"言"，得先了解"辛"字。

辛（小篆）

这个"辛"字，由"干"和"二"会意得音。《说文》中"辛"为："辠（罪）也。从干二。二，古文上字。读若愆。""辛"的是罚罪。为了搞清楚"辛"，还得先了解"干"字。

（小篆）

《说文》中说："犯也。从反入，从一。"现在我们清楚了："干"是由一个倒过来的"入"字和"一"字会意组成，字形是从上而下"入"于"一"中，是"侵入"、"侵犯"的意思。由此可知，"天干"是天气由天而降。"干革命"是替天行道。"干事"是代天行事。"干部"是指由天而来的"天官"。

既然是从上而下，由天而降，也就知道了"干"字的读音来自"乾"字和"天"字的读音。在《易》中，乾为天。而"乾"字和"天"字的读音是相通的，可以互训。

现在往回返，"干"字的意思搞清楚了，"辛"字的意思也就可以看清楚了。"辛"字从"干"和"二"会意，而"二"是古文的"上"字，又是天地和阴阳的表征。因此，"辛"字的意思是上苍的加临，是上天对人事的自然规范，说得严厉一点，就是上天的降罪，是天意的惩罚。

由此再回到"言"，"言"字从口从辛会意得音：言者，天之论断也,是天意的体现。"言"所表达的是天道的自然规律,违背了就要受到惩罚。言者,严也。

另外,"言"这个字还可以换个分法来解说,"言"由"舌"出。

"言"字的下部是个舌头的"舌"字,上部是个"一"或者"二"字,在甲骨文和金文的字形,上部就是个"一"字,在小篆的字形中上部就是个"二"(古文"上"字)。"一"表示天和道;"二"表示天地和阴阳,也是道的体现。如此,"言"的字形就是"舌"上一个"一"或"二"字,字义就是以舌说天、代天宣化的意思。

为了把"言"说清楚,来看看"舌"字。

（甲骨文）　（甲骨文）　（小篆）

《说文》说"舌"为:"在口,所以言也,别味也。从干从口,干亦声。"可见"舌"是个会意兼形声字,从干从口会意得音。

上面的"舌"字的第一个甲骨文字形是象形表意:画个舌头伸出口外,两边的四个黑点犹如涂沫四溅。另一个甲骨文和小篆的字体非常清楚,底下是个"口"字,上面是个主干的"干"字,如此看来,"舌"是个典型的会意字,"舌"就是"口的主干"。

字形上没有问题了,但是字音上还有问题:"舌"字的读音从哪里来的呢?还要回到字形上找线索。

汉字很妙，会意之中也有象形。看上面中间的那个甲骨文字形，远取诸物，"舌头"让人联想起"蛇头"，蛇的舌头是诸物之中最有特点，蛇的舌头是分叉分开的，这个特征清晰地画在甲骨文的字形中。问题解决了："舌"的字音来自"蛇"，"舌"和"蛇"互训。如此看来，"舌"字既是一个会意字，也是一个象形字。

　　从天的角度说，"言"为天之所干。从人的角度说，"言"为口舌之事。说到"口舌"，口最大的作用是"一进"和"一出"，"一进"是吃，这时候有句话叫"病从口入"，"一出"就是讲话，有句话很慎重，叫做"祸从口出"。这个口的关键是"舌"，辨别味道靠它，出声发言也靠它，怎么能不谨慎呢？而且讲到舌，《易》里面"兑"为口舌，"兑卦"的卦象上面是一个阴爻，下面是二个阳爻，上"虚"下"实"，这样的阴阳结构表示兑卦，俗话说"人嘴两张皮"，"兑"有口舌之象。"口舌"应当言之有物，言而有信，最忌言不由衷。

　　往下深入一点，《黄帝内经》中说：心开窍在舌。舌和五脏中的心脏有关，舌是心的窍，就好像眼是肝的窍，所以从生理上讲，看看舌苔的状况可以大概知道心脏的状况。心开窍在舌，舌是通心的。一个人好端端地坐在那里发牢骚，那是心里有不满，话一出口就反映了他的心思。舌不光是心的窍，而且从舌里面发出的话也反映了他的心思，所以言为心声。

　　言循天理为外，言表心声为内。内外一如，循天理而表心声，是谓言也。

言从舌出。过去不让犯人讲话，就往其嘴里塞个木塞，把舌头卡住就说不出来话了。还有不要搬弄是非，搬弄是非叫"两舌"，"两舌"是犯戒的，地狱里面怎么惩罚这种罪行？一个是拔舌，一个是以铁犁耕之。传统文化讲这些，有众多的文化背景与其相关联，都是在告诫人们说话要慎重。

那应该怎样说话发言呢？还得从字形上看门道。

"言"由"舌"上面加个"二"会意，"二"代表天地阴阳之道，"二"也是古代的"上"字。按照楷书的写法，"言"字上面就是一个"亠"字，"亠"者文也。所谓"文"，按照前文的说法，就是天地阴阳变化的道理。所以，言是从口而出的道理。道理借言语以表达，可以导人向上。口舌应该这样去用，说话要以天理和阴阳变化之道为准则，按阴阳之道去说话叫"言"。

"言"字为什么读若"严"，因为"言"上表天理，下为心声，非常严格严肃，音同义同。一丝不苟的严谨作风从说话开始。不能脑筋一动一个念头来了，一激动马上信口而言，小孩才信口雌黄，大人是不能这样的。

再从"辛"从"口"看"言"，"辛"，罪也，主的是刑罚。古人观象制器，"辛"也是一套刑具。十天干中，"庚辛"位在西方，五行属性为金。"辛"就主刑律主杀伐。"辛"字由"䇂"和"一"字组成，表象为以"䇂"入"一"，为用刑之象。其苦如同"辛辣"

之味。"言"的表象就是把刑具放在"口"上：讲得对没事，讲得不对就要受到惩罚，这是在告诫人们说话要格外谨慎。

《孝经·卿大夫章》中说："非先王之法服不敢服，非先王之法言不敢道，非先王之德行不敢行。是故非法不言，非道不行，口无择言，身无择行，言满天下无口过，行满天下无怨恶。三者备矣，然后能守其宗庙。盖卿大夫之孝也。"这是在告诉我们说话之"言"是孝道的一部分。人越往高处越谨慎，身居高位，话一出口就会有很大的影响，大家都会跟着你学，言语实在是非常严谨重要的事情，所以说"非先王之法言不敢言"。什么叫法言？就是合道之言啊！

扬雄在《法言》中说："言，心声也。"

墨子说："言，口之力也。"

庄子说："言者所以在意。"说言的目的在"意"，就像我们经常讲的"听话听音"。

孔子晚年为《易经》作传，写了《十翼》，《十翼》一写完，就像有了翅膀一样，《周易》就完备了，然后"飞"起来了，起作用了，因为大家都能看懂了。其中有一篇，是专门论述乾坤两卦的卦德和作用的，叫做《文言》。可见"文言"指的就是天地阴阳变化之道。文是言的基础，依文而言，依照阴阳的变化来说话，感天动地，这个就叫做文言。

《周易·系辞》中说："言行，君子之枢机。枢机之发，荣辱之主也。言行，君子之所以动天地也，可不慎乎！"

说到"言"，涉及到"辛"，"辛"者，罪也。犯罪的"罪"字，其原来的字为"辠"，"辠"字从辛从自，表示的是"辠人蹙鼻苦辛之忧"。在秦朝的时候，因为"辠"字很像"皇帝"的"皇"，因此把它改为"罪"。假借字从古就有，但是"避字"可能是从这里开始的。

二、行：阴阳之道路也

行（甲骨文）　　　　北（金文）　　　　（小篆）

《说文》："行，人之步趋也。从彳从亍。"金文的这个字形如十字大路，以路示"行"。甲骨文和小篆的字形左"彳"右"亍"。"行"的意思是步趋，"步"是一步一步地慢行，"趋"是走，是疾行。"行"从"彳"从"亍"会意，要了解"行"，先得看"彳、亍"。

彳（小篆）

"彳"是个象形字，像人的大腿（股）、小腿（胫）和脚（足）三个部分连在一起的形象。再进一步说，"彳"是表示气的运行的，是人的腿部三条经络的象形。具体一点说，是表现足三阴三阳经络的。按照传统的说法,"左"为阳,"右"为阴,那么"彳"是足三阳经络的象形。足三阳经络是足少阳胆经、足阳明胃经和足太阳膀胱经,这三条经络都从腿、胫、脚上通过。从经络气血的运行方向上,足三阳经的循行路线都是从头部到足。人欲行走,脚步未动,气血先行。

《说文》:"彳,小步也;像人胫三属相连也。""小步"的意思是半步,左腿跨出去是半步,右腿再跨出去又是半步,左右合起来才是一步。"彳"是左边的半步。

（小篆）

"亍"的字形与"彳"左右相反。与"彳"相对应,"亍"是右半步。从经络气血的角度说,右为阴,其相应的足三阴经为足厥阴肝经、足少阴肾经和足太阴脾经。足三阴经络的气血流向是从足到胸腹部。《说文》:"亍,步止也,从反彳,读若畜。"

"彳"、"亍"二字,"彳"为阳,"亍"为阴,"彳"积极主动,"亍"消极被动,等等。"彳"、"亍"合起来是"行","行"是"彳"、"亍"的完美统一。

"行"分开了就是"彳亍","彳亍"就是不知道怎么"行"了。后来有个词"踟蹰",就是从"彳亍"假借而来,表示走走停停、徘徊不前、犹豫不决的样子。

"行"由"彳""亍"会意,左步为彳,右步为亍,合则为行。中国文化把世界的规律称为道。道就是道路,是用来行的,所以行最能反映出事物的道理。就字来说,"行"就是左一步右一步,一彳一亍,就是把握"彳亍"的中庸之道,一阴一阳之谓道。

中国文化讲:一气流行,化生万物。天地万物都是气的阴阳分化。传统的太极图就是气的变化过程的最好的象形和会意,太极图中的"阳鱼"就是"彳"的原型,"阴鱼"就是"亍"的原型。整个太极图就是"行"字的象形,太极图所反映的阴阳变化的规律亦是"行"的最根本的规范。

三、举:同心协力

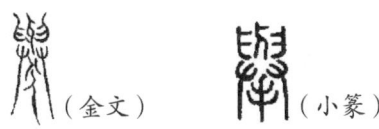

《说文》:"举(擧),对举(擧)也。从手与(與)声。"

数数字里面有几只手?小篆字形中,上边一左一右各有一只向下的抄起的手,组成一个字,读若"掬",意思也是两只手从下向上"掬起"。下边一左一右各有一只向上拱起的手,组成一个"廾"字,读若"拱",意思也是双手向上"拱起"。若两只手分而向外,那是个最简单的"攀"字。

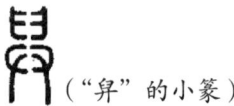("舁"的小篆)

这上下左右四只手组成一个"舁"字,字音若"舆",《说文》中说:"舁,共举也。"

"举"字的底下还有一只"手"。这样一数,从字形方位上,上下左右中,一共有五只手,可以会意四方和中央,是五方五行之手。

换个角度,在第一讲中曾说过,底下的这个"手"其实是合两个"又"而成,形是一只手,实为一对。如此,"举"字中有三对"手",上、下、中各有一对,可以会意天地人"三才",也可以是"六气"。

如此数下来,"举"字中有几只手呢?从一个角度看是五,从另一个角度看是六,都对!"五"是指"五行","六"是指"六气"。在这些手的中央,是个"与"字。

(小篆)

"与",字形上边是个"一",下边是个"勺"字,字音同"予",是会意字。从字面上看,意思是给予一勺食物,引申来看,"一"

为天,"勺"为天之所降,"与"为上苍的给予,是天之一气下而化生万物的意思。《说文》中说:"赐予也。一勺为与。"

因此,"举"的意思是合四方上下、五运六气、天地人三才,共同感得上天的赐予,是参与天地演变、万物化育,是与万物生死与共而为道。"举"者,共与也。通常说的"与天地共存,与日月同辉"基本上都是这个意思。

过去把办大事叫做"举事",共同完成一个伟大的事业叫做"共襄盛举"。

怎么样才能把一件事情做好?"举"字已经说明道理了:要"举"起一件事情,上面要有人提携,下面要有人支持,自己还要努力。这几只"手"都要往一个方面去用力,要求同存异,同心协力。要有一个共同的价值观,统一的思想认识,才能做好;要有广阔的胸怀,能够容纳万事万物,尊道行德,才能成功。从"五"的角度看,就是五行是否圆满,看看能不能"行";从"六"的角度看,就是三元六气能不能和谐一致,六是周天圆满之数。今天弘扬传统文化亦是一件大事,恳请世人共举。

四、止:止于至善

下面讨论言行举止的"止"字。

ᚐ（甲骨文）　止（金文）　止（小篆）

说到人的言行举止，"止"是行为的落点。一个行为落在什么地方？在脚印上面。做过什么事情，走过什么路，看看脚印就知道了，所以画一个脚印来表示"止"，更有意思的是，步伐走到什么地方该停下来，也是"止"。"脚趾"、"手指"，也是引申了这个音和义。在篆书里面，止的字形像棵小草出土的形状，在金文和甲骨文里面，就是一个脚趾的形状。《说文》说："止，下基也；像艸木出有址，故以止为足。"

下面讲几个"止"的变形字。

第一个是"少"字。"少"为反止，把"止"的字形左右反过来就是，"少"的字音读若"踏"。如果"止"是右足，那"少"就是左足。

第二个是"癶"，字从止少，左边是"少"，右边是"止"。

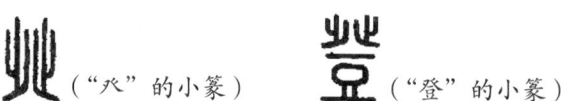
（"癶"的小篆）　　（"登"的小篆）

"癶"的字音读若"拨"，是个会意字，表示两足分张、足跟相对而行，动止不自然之状。走路虽然不自然，但登山就是这个步态。

第三个是"步"字。

"步"是会意字,以"止""少"一前一后会意,前半步为"止",后半步为"少",合起来为一"步"。字义为行走。

第四个是"夊"。

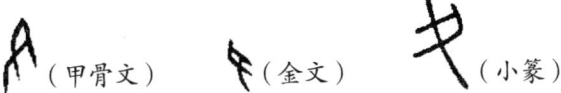

字形为倒写的"止"字,字音通随,表示从高处向下的行走方向,从高向低,如水随势趋下。

第五个是"牛",字形从反"夊",字音读若"跨",表示与"夊"左右相对、方向朝下的另一只足。

第六个是"夅"。

"夅"的字形:上夊下牛(反夊),与"步"形倒。字音通降。降落的"降"就是从"夅"。

第七个是"舛"。

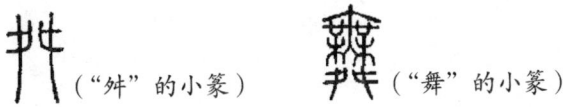

"舛"的字形:左边为夊;右边为牛(反夊)。"舛"是会意字,由方向相反的两只脚会意,表示行为违背的意思。"舛"虽是足

步相背,却是舞蹈的基本步法。"舞"字从"舛"。

以上是几个与"止"有关的常用字,简单介绍一下。下面介绍几个与"止"有关的字来了解"止"的字义,先看"之"字。

"之"的字形由"止"和"一"会意。"一"表示大地,"之"是从地生出,从基点开始出发,很像今天的从起跑线开始出发的形象。《说文》:"之,出也,象艹过中枝茎益大有所之,一者地也。""之"表示草木都从大地上生出,引申为万物都从道体中生出,"一"所代表的"道"是万物的起始点,万物都从"一"中化生而出。"之"表示从起点开始出发行走。

再来看正确的"正"字。

"正"字也是从"止"和"一"来会意。"止"以足迹表示行走,那么怎么知道我们行走的方向和道路是否正确呢?以何为正呢?以"一"为正。"一"是天,是道,因此,足迹和人的行为要以天为准则,以道为目标。《说文》说:"正,是也。从止,一以止。"何为正?什么是正确的标准?何为是?什么是"是非"的标准?这都要以"一"为标准。"一"是千里之行的出发点,也是其归宿。

以天为正，以道为旨归和目的，人的行为要依照天来行事，要合乎道，这才叫"正确"的作法。什么是行走的正确和不偏斜呢？始终对着目标，以道为准则，才是正确的。正所谓"抱元守一为正"。

今天的楷书，"正"字的笔画有五笔，我们常用写"正"字来计数。"正"字的五笔，上下工整，象征着五行的变化皆符合自然之道，没有差错，正确无误。

"正"者，"是"也。我们经常讲"正是正是"，那怎样为"是"？"是"又是什么意思呢？

⿱日正（金文）　　⿱日正（小篆）

"是"的字形，上边是个"日"字，下边是个"正"字，楷书的写法对下边的"正"字进行了美化，让我们一眼看不出来，其实就是"正"字。"是"字是个会意字，由"日"和"正"字来会意。《说文》说："是，直也。从日正。"

以日为正，正日为是。以日为正，以太阳为准则，来定是非的标准。古人"昼参日影，夜考极星"，以日晷的影子作为测量来进行计算，以日影作为事情的"参考"，一切以太阳为标准，这就是"是"。

通过以上几个和"止"有关的字的解说，可以会意出"止"字义是表示人的行为规范。那么，我们要问：人到底要"止"于何处呢?

《大学》里讲:"大学之道,在明明德,在亲民,在止于至善。"可见"至善"是"止"的最高境界。那什么是至善呢?

我们来看看"至"这个字。

"至"字的字形是个象形的景象,画了一个凤鸟从天上直落降到地上。《说文》中说:"至,鸟飞从高下至地也。从一,一犹地也,象形。不,上去;而至,下来也。"这是什么意思呢?

原来这反映了中国古代对最美好的生活描写。当真正到了至善的时候,有什么特点呢?会出现什么景象呢?有凤来仪,世上最美丽的凤鸟从天而降。"至"字表现的就是这样的情境。

凤鸟是古人所谓的龙、凤、龟、麟四灵之一。相传其为祥瑞的象征,只有在圣人君王在位的太平盛世才会现身。《拾遗记》中记载,曾有麟吐玉书"水精之子,系衰周而素王"来授记无冕之王孔子的降生。更有"西狩获麟"的故事,孔子眼见被捕受伤的麒麟,掩面痛哭,涕泪沾襟之景历历在目。周道不兴,可是麒麟仍然现身,正是应了圣人的祥瑞啊!同麒麟示瑞一样,有凤来仪更是展现了上古时代一片人天祥瑞之景。《尚书》中说,当演奏虞舜时代的韶乐时,备乐九奏而致凤凰。凤为神鸟,品性高洁,只有在太平盛世,阴阳气息平和,天上地下一片祥和之态时,五音六律精准,来感得凤鸟降临。正是由于这个"至"字的存在,有理由相信,我们的祖先曾经生活在一个凤凰翔舞的世界,那灿烂光华的羽翼,天籁之音的回荡,至今都带给炎黄子孙无尽的神往与自豪。

从文字可以了解我们祖先的灿烂文化和美好生活的向往。这个"至"字很像简体字的"圣人"的"圣"字,只有圣人降生和太平盛世两种情况,才会有凤鸟来临以示祥瑞,因为圣人会引导我们进入太平盛世。

"至"字表示至高无上的境界,也表示吉祥到来的意思。

"不,上去;而至,下来也。"《说文》:"不,鸟飞上翔不下来也。从一,一犹天也,象形。"

"不"是凤凰"飞回天上不下来"的意思,再也看不见那只美丽的凤鸟了,以此来感叹世道的没落,这是否定,是对整个社会大环境的否定。不载道,没有祥和的气氛,则"鸟飞上翔不下来也",只在天上飞,不敢靠近人类,不仅仅是凤凰,连小鸟也是这样子的。见到一个杀气腾腾的人,鸟儿都赶紧飞得远远的;见到一个善良的人,鸟儿也会落在他的肩膀上休息,史书上就有鸟飞来帮助舜除草的记载,这就是气息的感应。

在中国文字中,表示否定的"不"字,是通过对美好生活的向往来婉转表达的,真是"天下皆知美之为美,斯恶已"。用心良苦,善也。

"善"字,怎么解说呢?

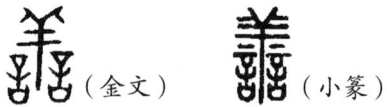

"善"字是个会意字。字形上边是个"羊",羊的性格本来就是很善良温顺的,而且羊属于阳性。在中国人的心目中,一提到"羊",就是"善"和"美"的表现,取它的本性柔顺。在中国文化里,羊是吉祥的象征。"善"字的下边有"言",是个"誩"字,其读音同"竞"。《说文》:"善,吉也,从誩从羊,此与義美同意。"

"善"与"言"相关,言为心声,善首先说话要真诚,讲美好、吉祥的语言。善是道义。一人言善还不够,左右言善才是真正的善;人说好还不够,连鬼神都赞叹,这才是真正的好;外表做好了还不行,内在思想也要合道,才是真行。这个"誩"字讲包含两面,人的言行在阴间、阳间、天地之间都是吉祥美好的,才是善。把这种善的状况做到了极致,就是"吉祥"的"吉",也是"极端"的"极",吉祥为善。所以,站在这个层面上讲,"善",就是要把事物做到完美、吉祥,吉祥的时候气息就会平静祥和,凤鸟就会降临。

"言行举止",对人的教育是放在文字里面的,当我们把文字讲清楚，教育也就完成了。如果只是认字识字，却没有把文字中蕴含的道理教给孩子，是一件不应该的事情。在教一个孩子识字的时候，把一个字的道理、世界的道理、做人的道理，同时讲清楚，说文解字，是文字教学的一个重要内容和目标。

第八讲

"宇宙"与"道德"

这一讲我们继续说解几对文字，因为前几个字为"宇宙"和"道德"，所以本讲的题目为："宇宙"与"道德"。

一、宇宙：四方上下，古往今来

我们来做个简单的变字游戏。先写下"由于"二字，这两个字常用，好像也很简单。再把两个字的顺序颠倒一下，结果成了"于由"。最后在两个字的上边各加个一个"宝盖头"（就是"宀"字），结果成了"宇宙"。

从概念上讲，我们都知道："由于"表示的是"原因"，而"宀"是"生门"的象形，是"生育"、"分娩"的意思。因此，"宇宙"的意思是有关于生的原因的，宇宙是生命的本源。

《淮南子》说："古往今来谓之宙，四方上下谓之宇。"古往今来是时间，四方上下是空间，因此，宇宙就是空间和时间。概括而言，宇宙就是时空。

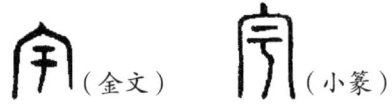

《说文》中说:"宇,屋边也;从宀于声。易曰:上栋下宇。""宇"是屋边,是屋顶的四边,也就是屋檐。天地万物都是宇宙本原一气所生,宇宙就像是一个大屋子,万物都为屋顶所覆盖,气之所至就是四边屋檐。

"宇"的字音从"于"而来,"于"表示气之流行,上下贯通。"宇"的字音通舆,舆为车,古人把承载万物的大地当做车舆。许慎说:"堪天道,舆地道。"古代的"堪舆"就是天文地理。凡天之所覆,地之所载,气之所至,皆为宇也。宇是包含人类和万物的空间。

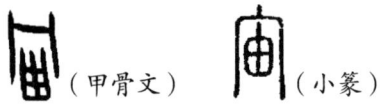

《说文》中说:"宙,舟舆所极覆也,从宀由声。""舟"是船,"舆"是车,覆是反复。舟舆行的最远的地方又返回来,不断往复,这是"宙"的字义。

宙音通舟。"宙"是舟舆的不断的往复。这个正好揭示了时间的周期性的特点,没有周期则体现不出时间,人类正是从宇宙万物周期性的变化中发现事物的规律的,没有周期体现不出规律。

"宙"音通轴,轴是车轮的轴心,是圆周运动、循环往复的核心。

"宙"音通咒，咒者，祝也。中国古代把医学分为十三科类，其中第十三科就是"祝由"科，世称"祝由十三科"。"祝由"可以通过念一个"咒"字来治病，可以念不同的咒治不同的病。在明朝，"祝由"还是国家的官方医科之一，今天的中医学院是没有这一科了，基本失传了。

由文字可以了解中国文化的宇宙概念：四方上下谓之宇，古往今来谓之宙。宇宙是生出来的，时间和空间都处在循环往复的运动过程之中。

还有一种说法："宙宇"字音通"咒语"，"咒语"对"宇宙"，互相对称，咒语是一边，另一边就是宇宙。这个有待于进一步的研究。

二、道德：在天为道，在人为德

道德是人类文明的核心，是人类的精神家园。下面看看"道德"二字，先看"道"字。

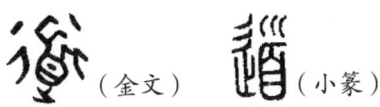
（金文）　　（小篆）

金文的字形：两边是由"彳""亍"构成的一个"行"字，中间的上边是个"首"字，下边是个"止"字。小篆的字形：右边是个"首"字，左边是个"辵"字，而"辵"的上边是"彳"，下边是个"止"字,"辶"字后来演变为"走之旁"。"彳"、"行"、"止"前面讨论过,"首"字还没有讨论过。

"首"是个象形字,画了眼和头上的头发。"首"是字义指"头(頭)"引申为人的思想。因为思想决定行为,所以"首"有"先"的意思,所谓"首先"是也。

"先"的甲骨文字形是"人"上有个"止"字,金文和小篆的字形是"人"上有个"之"字。《说文》:"先,前进也,从儿从之。"可见,在古人的观念里面,头之所之为先,思想在先。

回到"道"字,"道"由"行"、"止"和"首"字会意。会多少,字义就有多少。"行"是阴阳变化的规律,"止"是生命的出发点和归宿,首是头脑和思想,三者相符相合就是"道"。

"道"的字音通"到"。

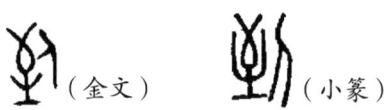

"到"由"至"和"刀"字会意得声。金文的字形好似一个人在迎接凤鸟的到来。《说文》:"到,至也。从至刀声。"字形中"刀"的样子和"人"的样子很是相似,盯着上面两个字看一会，就觉得一会儿"人"变成了"刀"，一会儿"刀"变成了"人"。

（"刀"的甲骨文）　　（"刀"的小篆）

转了半天，我是想说："道"的字音从"刀"而来，刀是兵器，同音通义，这是在提醒人要尊道而行，否则是非常危险的，背道而驰就会受到自然的惩罚。人之所以"挨刀"，受刀兵之苦，还不都是因为离开了道！

《说文》中说："刀，兵也。象形。"刀是人造出来的兵器，它的字形当然以"人"取象。

"人"与"刀"比："人"的字形，头向前低一些，谦卑一些，就是心中有了"仁"，那就是"人"应该有的姿态。"人"的字形，头抬起来向后仰，那就是傲慢，傲慢使得人的和气失衡，渐渐就变成偏见、敌意和"杀气"，那就是"刀"了。

谦恭与和气引凤鸟"到"来，傲慢和杀气一起，凤鸟还来吗？"刀"一露形，事情也就"到"此为止了。

"刀"是人造的，也是人召的，造者，召也。

"道"音通"刀"，刀也通道，自然也用刀，圣人也制器治天下，由此观之，刀是天下最通人性，最仁慈的兵器了。

回到"道"字，我曾经看到过一个"道"字：上半边画了个"首"，"首"的下边连着一条曲折的斜线，那是"人首蛇身"的象形，字的变形就是今天楷书的"道"字，"首"是人首，"辶"是蛇身。"人首"指思想，"蛇身"指行为；"人首"是天理，"蛇身"是欲望；"人首"引导"蛇身"，则"天理"驾驭"欲望"，生命就上达，"道"也因之而得到彰显；反之，如果"蛇身"控制了"人首"，则"欲望"淹没"天理"，生命就堕落，"道"也就因此而隐没不现了。

"人首蛇身"是伏羲（还有女娲）的形象，自然之道由他而揭示，八卦由他而画，文字也以其为鼻祖，文明也由他所开启，"道"也由他而传。"人首蛇身"是伏羲时代人的生命情态的象征，是象，也是文，文字、文化以及"道"都因此而应运而生。

这个"道"字，形意兼备，非常传神，是对文明之祖伏羲的最好纪念！

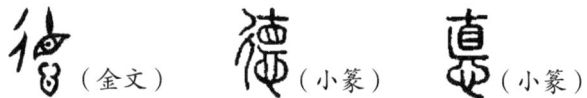

金文字形，左边为"彳"，右边下为"心"、中为"目"、上为一条向上通天的绳子，中间的"目"和其上的"绳子"组成金文的"直"字，意为：心、眼光和行为都要正直向上。小篆的字形，从直、心、彳，表示直心而行为德。"德"为会意字。字音：德音通得。字义：效法天道，直心而行为德。那"直"字是什么意思呢？

"直"的甲骨文字形,以眼盯着一条垂直的绳子为形象。金文的字形,中间有一只眼睛看着一条直落的中间有结的绳子,左边有一个向上弯曲的"钩子"。这是什么意思呢?关键是那根"绳子",前文我们讲过,这根"绳子"是"结绳记事"的时代人天关系的表现(见第三讲中有关"结绳记事"的部分),是一根"天绳",人可以依着这根绳子直接回到天上去。因此,甲骨文的意思是:人盯住"绳子"直接往上走(回到天上去)。金文的意思也是这样,只是左边向上弯曲的那一笔画,表示人慢慢隐没在空中不见了。

小篆的字形更多了个"一","一"表示天,因此,"直"字表示直接回到天上。《说文》中说:"直,正见也;从∟从十从目。"其中的"十"字就表示"直接到天上"。其中的"∟"字的字义为"匿也",读若"隐"字。"正"的意思是"以天为止","正见"就是"向天上走的示现"。

"直"字是这样的意思吗?是的,有两个字可以佐证,"真"和"亡"。

《说文》中说"真"为:"僊人变形而登天也。从匕从目从∟。

八，所乘载也。""真（眞）"字就是对仙人修道登天的描写。"真"表示仙人通过变换神形而升天，而"直"是直接升天。

┘（甲骨文）　 ヒ（金文）　 ヒ（小篆）

"亡"字，由"乚"和"人"会意，表示一个人慢慢向上隐去。因此，"死亡"的意思就是：人死了后，回到天上。"亡"的楷书字形表达的也是这个意思："乚"字上面的"一点一横"表示"人"逃到了天上。

乚（"乚"）　ヒ（"亡"）　直（"直"）　真（"真"）

这四个字排在一起就是一幅图画。

由此可见，"德"字的本义就是直心所行，回到天上。能回到天上才是真正的有德，换句话说，回到天上，得需要多么好的德才行啊！

《说文》中说："德，升也。""德"能使人上升，为人要尊道而行，以一为正，以天为则，以德进道，返本还原。在天为道，在人为德。在中国文化中，道德是人天关系的生动表现。在文字创立的上古时代，中国文化的主体是道家，道家一脉相承，源远流长。历史上，道家修道成仙的人比比皆是，道德先生受人尊敬和仰慕，道士修有所成，飞升登天，应该是一件令人关注的大事，这些事情在文字得以表现和记载，应该是合情合理的事情，并没有什么难以理解、想不通的地方。

"德"的字音通"得"。

"得"的甲骨文字形,左边是一个贝壳的"贝",是个标准的象形字,古代以贝壳为货币,右边画了一只手去拿着这个贝壳,会意为获得的"得"。金文比甲骨文多了个"行"的一半"彳"字,会意为行有所得、行有所获。《说文》说"得"为:"行有所得也。"

"德"音通得,德者,得也。有道德才会有所得;想有所得,要先有德。

三、孝顺:德之本也,教之所由生也

金文和篆书的字形上面是"老"字的省略,下面是"子"字。楷书的字形:上"耂"下"子","耂"是"老"字的一部分,也是"爻"字的楷化写法,"孝"是会意字。字音:孝音通效。《说文》中说:"孝,善事父母者;从老省,从子。子承老也。"从人伦纲常上来讲,孝是善事父母。从子老相承的角度看,孝的意义要更广泛。

"孝"字,上"爻"下"子"。有两层意义:一是表示一个"子"

在学习"爻"。爻者,交也,是天地阴阳的变化。因此,子在学习阴阳的变化为孝。二是表示阴阳的变化挚生子。

孝音通效,"孝"的基本意义是效法自然。天地化生万物,父母生育儿女,孝首先要从效法、尊重天地开始。天地是人类的父母,人要效法自然、尊重天地。在自然,要尊重自然规律,在人伦,要孝敬父母,人伦之道,从孝开始。父母养育子女,子女孝敬父母,都是遵循和效法了自然生生不息的德相。

《孝经》中说:"夫孝,德之本也,教之所由生也。"孝是一切道德的根本,一切的教化都是由孝开始生发的。

在中国文化中,孝是道的自然体现,是自然之道在人类伦常中的反映。行孝能彰显人的道性,能够完善人格,纯化风气,和谐社会。行孝能使人复归于道,是谓孝之道。

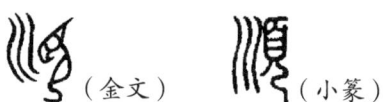

看看"顺"的字形。金文的字形如同一幅美妙的画面:一个漂亮的女子坐在水边,看着水中的倒影,正在化妆,似乎还有一丝羞涩。真的是有情有景,汉字如画。小篆字形,从巜从页会意。"巜"古"川"字。"页",《说文》说为"头(頭)也"。

对比"页"、"首"、"面"三个小篆字形,"页"是身姿中突

出的"头",头部突出,身子很小。"首"是有着长发的"头","面"是整个头面,可见"页"指的是有着清晰面容的头部。

因此,顺的字面意思是女人在水边梳理装扮。引申的意思:可以从上古的女人都依水而居开始,她们的姓中都有"水"字……一直引出整部中国历史和文化。

《说文》中说:"顺,理也。"理是玉的纹理,而玉的纹理和大地的川流在形理上是一样的,梳理头发、整洁面容、端正身姿乃至调整身心、和谐社会都是理。天有天理,地有地理,玉有玉理,人有人理,道有道理。顺理而为就是礼也。礼是天理、道理之现于人也。在天为理,在人为礼。华夏中国自古即是礼仪之邦,礼是文明古国的标志。

"顺"的字音通"循"。《释名》中说:"顺,循也,循其理也。"

"顺"的字音读作"巽"。"巽"是八卦之一,巽为风,为长女。有的地方的方言把"顺"读作"巽",把"运气好"称为"手风很巽"。长女就是那个在水一方、君子好逑的佳人。

概括起来说,礼的作用和表现就是一个字"顺"。可以上通天理,下通人情,被及万物,和谐万邦。

从孝道的角度看,顺是孝的表现,行孝做得怎么样啦?就看能不能"顺",孝敬父母,开始比较容易,能够对父母"百依百顺",是很有难度的。

四、父母：生命之源

《说文》中说父为："矩也，家长率教者；从又举杖。"从字形上看，甲骨文和小篆字形，像右手持杖之形。从字音上看，父音通甫、通夫。从字义来看：父为举杖立规矩者，在家为父亲。

这是从父亲的权威的角度解的字。如果从生命的角度，从人天关系，从血脉的传承上来看：父亲手里拿的那个通天的"结绳"，是生命的"天一之水"，是经络和血脉的源头。也只有拿着这个血脉的"天绳"父亲才有真正的权威。

《易·说卦》中说："乾为天，为父。"父亲之于孩子，犹如天之于万物。父亲的恩德比天高。

"父"的字音通"甫"。

《说文》中说："甫，男子美称也。从用父，父亦声。""甫"是个会意兼形声字，字形从用从父，字音同"父"，字义为"男子的美称"，所谓"美称"，是含蓄和善意的说法，意思是：能够起到父亲作用的男子。

（甲骨文）　　（金文）　　（篆书）

"母"是象形字，表示母亲。字形像一个半跪的女人，双手交叉在胸前，两个黑点表示乳房。字音通牧。小篆的字形从"女"字加上左右两撇指事而来。《说文》中"母"为："牧也，从女，象裹子形。一曰象乳子也。"母，牧也。母亲养育子女，怀抱三年，含辛茹苦，抚养成人，恩德深厚如高山大地。

《易·说卦》："坤为地，为母。"母之于人，如大地之于万物。又说："致役乎坤。"天地在生养万物的作用是不同的，万物的播种因于天，所谓"致役乎坤"是指上苍把养育万物的责任交给了大地。母亲十月怀胎，孩子是在母亲的身体里孕育出来的。

感念母亲的养育和圣人的教化之恩，介绍一个"孔"字。

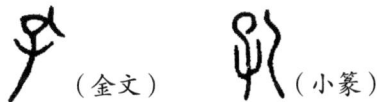
（金文）　　（小篆）

金文从来都是象形逼真。"孔"字的金文字形，就是一个小孩子吃奶的象形。乳子曰孔。

《道德经》说："孔德之容，惟道是从。"什么是孔德呢？注释中说是"甚，大"的意思。为什么孔德就是甚大之德呢？看懂了"孔"字就明白了：天下还有大过哺乳的恩德吗！

"孔"字还有"小洞"的意思。这个"小"是伟大的。

《千字文》说："孔怀兄弟，同气连枝。"所谓"孔怀兄弟"，就是"一奶同胞"。

圣人孔子是儒家的创始人。儒者,人之需也。"需"是六十四卦之一,《易》曰:"云上于天,需。"需是云行雨施,滋润万物。"儒"因通"乳",乳是孩子所需,儒学是人之所需。孔子用他的思想,用仁爱养育了两千多年来的中华民族。今天,孔子的思想,更是人类所需。只要还有人类这种生命形式存在,道德和仁义礼智信就是须臾不可离的乳养。

看着"孔"、"乳"、"儒"、"需",不禁会想:此是文字巧合,还是天意使然。

五、目的:日月同辉,斗转星移

本节讲"目的"二字,先讲"目"。

"目"指眼睛。甲骨文和金文的"目"字都不太像今人的眼睛,倒是有点像鸟的眼睛。小篆的字形就是我们习以为常的字形,只是我们很少去问:为什么这只眼是竖立起来的?平常我们看到的"眼睛",都是水平的一左一右两只眼,为什么到了文字中就变成一只竖立起来的眼睛呢？古文小篆的字形，"口象面，中象眉目"，在面部的中间也只画了一只眼。

经常会在神仙的画像中看到，大概在两眉中间有一只向上的竖立的眼，就像是二郎神的第三只眼，这只眼倒是很像"目"字的象形，很有可能是"目"字的原型。

《说文》说"目"为："人眼，象形。""目"是人眼，字为象形，字音通"木"，这是因为"目"和"木"的五行属性是一致的，"目"为肝之窍，而肝的五行属性为木。

还有一个表示"目"的字，就是眼睛的"眼"。

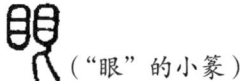（"眼"的小篆）

"眼"，从目从艮会意得声。"艮"，从目从匕会意。"匕"，从反人，由左右反过来的"人"字而成字。这样，从字形上看，"眼"由两个"目"和一个"匕"构成，因此，也可以说，"眼"从匕从朋。《说文》中说："朋，左右视也。从二目。""朋"，读若"聚"。从字形上，可以说，"目"有一只"目"，而"眼"字中有两只"目"。《说文》说："眼，目也。从目艮声。"这里的"艮"应该读若"限"。今天的"眼"字的读音是从"限"字的读音而来。

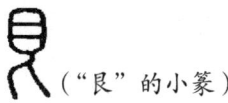（"艮"的小篆）

《说文》："艮，很也。从匕目。匕目，犹目相匕不相下也。易

曰：艮其限。匕目为艮，匕目为真也。"在此，"很"，是行有所限，有恨的意思。"匕目"，是目相比，犹如怒目相视、互不服输。"艮其限"，是指《易》中的艮，用的是其中限制的意思。"匕目为艮"，其中的"匕"是"比"的一半，意思是：匕目成了"艮"字。"匕目为真（眞）"，其中的"匕"是"化"字的右边，是"眞"字的上边，意思是：匕目构成了"眞"字。艮是《易》的八卦之一，艮为山，为止，有"限"的意思。

艮和限，是因比目而有。"恨"字，也是因心中有比而生。如果再像动物一样，就是"狠"了。

"比目为艮，化目为真。"说出了目和眼的关系，此中有深刻的道理。

目有限为眼，眼无限为目。目之所以变为眼，是因为有比，心有分别，视有所比。化解分别之心，相比之意，则能反眼为目。

汉朝以前，字多用"目"。汉朝以后，字多用"眼"。心变复杂了，天真的目变成了受限的眼。心有所艮，叫"心眼"，如今世人多心眼。

世道人心的变化，人的生命状态的变化，可以反映在文字的变化之中。了解文字的变化，用文化去引导生活，启发心智，尊德重道，亦可以挽救世道人心，改变人的生命状态，引导生命回归本然。

所以说：君子用化不用比，用目不用眼。眼之为眼在于艮，艮之所以然在比，如若化解，应反比归人，人者仁也。以仁性、天地自然之性化眼、化肝、化木，以化其根。故"根"字从木从艮。

身为自然之象，目乃心灵之窗。左目为日，右目为月。从字形而言，"目"与"日"与"月"何其似也。人类应当化解仇恨，充满仁爱，当从用眼开始，攀比和物欲会将人类导入黑暗，而无私和仁爱将使得人类走向光明。明亮的眼睛、柔和和清澈的目光是人类文明的自然标志，人的内心的光明可以从其生命中表现出来，可以在双目中再现日月同辉，这是人的生命的"目"标。

说过"目"，再来解"的"。

昀（小篆）　的（小篆）

"的"是运用最广泛的一个字，"你的"、"我的"、"他的"，每天都在说，都在用。

先看字形。"的"，左边是个"白"字，右边是个"勺"字，常称为"白勺的"。这是一个后起字，它的原字是怎么写的呢？

"的"的原字，左边是"日"字，后来才变成了"白"。虽然"日"变成了"白"，但是"的"字义还是基本不变的，因为白色是日光的色，"白天"也叫"白日"。"白"和"日"都是光明。

"白"是日色，是光明，那"勺"字是什么意思？

彐（甲骨文）　　勺（小篆）

"勺"是个象形字，甲骨文的字形就是一个勺子的象形，并且勺中还有实物。小篆的字形用"一"来表示勺子中的事物。《说文》："勺，挹取也。象形。中有实，与包同意。""勺"的字义是以勺取物，字为象形。

"的"字从日从勺，字中的"勺"是指什么？应该具有什么样的意思呢？很容易判断："日"是太阳，那么"勺"也应该和太阳差不多相类似。普天之下也只有一个"勺子"能和太阳相匹配，那就是众所周知的形如勺子的"北斗"。

"北斗"由靠近天北极的七颗亮星组成，七星分别是天枢、天璇、天玑、天权、玉衡、开阳、摇光，这七星连缀起来就是一个巨大的斗（勺子）的形象，其中天枢、天璇、天玑、天权四星是"斗体"，称为"魁"，而玉衡、开阳、摇光三星组成"斗柄"，称为"杓"。这个"斗"开口的方向永远朝着北，故名"北斗"。今天，顺着从"天璇"到"天枢"的直线方向，向前走两者距离五倍的地方，就是天的北极，那里有一颗星，名字叫"勾陈一"，是天北极紫微垣中"勾陈"星座六颗星中的第一颗。顺便说一下，在天上的星座里，除了"北斗"，还有"南斗"，"南斗"有六颗星，也组成一个勺子的形状，属于二十八星宿里的北方"玄武七宿"，其之所以被称为"南斗"，是因为其斗的开口永远朝着南方。

"北斗"携二十八星宿统领着天上众星和天下的万事万物围绕着北极运转，其运行变化反映了天地阴阳变化的规律，是乾坤的纲领和万事的衡量。

古书上说：斗柄指东，天下皆春；斗柄指南，天下皆夏；斗柄指西，天下皆秋；斗柄指北，天下皆冬。按照今天的说法，由于地球每天自转一周，我们看到的满天星辰也在天上转了一圈，北斗的斗柄也指着东南西北转了一圈，怎样判断春夏秋冬呢？由于北斗的运转规律和天地四时的运转相一致，我们就可以在每天固定的时间看到北斗的斗柄指向不同的方位。古时"日入"的时间相当于现在的下午五点至七点，"黄昏"的时间相当于现在的晚上七点至九点，"人定"的时间相当于现在晚上的九点至十一点，古人观察斗柄指向的时间是在黄昏的时候，所谓"黄昏之上观北斗"，今天由于岁差的关系，准确的时间应该在"黄昏"和"人定"之初，差不多晚上九时是最好的观测时间。在每天的这个时候观察天象，如果北斗的斗柄指向东方，那天下的时节就是春天了，如果这时斗柄指向南方，就是夏天了，以此类推。更进一步的观察，冬至农历十一月的时候，斗柄指向十二地支的"子"位，也就是地理的正北方向；农历十二月的时候，斗柄指"丑"；正月的时候，斗柄指"寅"；以此类推，直到农历十月的时候，斗柄指向"亥"的方位。如此年复一年，周而复始，生生不息。

现在我们知道什么是"目的"的"的"啦！白天，日为"的"，夜晚，北斗为"的"。这个"目的"，按照古代的说法叫做"昼参日影，夜考极星"，极星就是由北斗所指的北极。太阳和北斗才是人类和万事万物的最大的参考标准。

《说文》中说"的"为："明也。从日勺声。"不说到天上的日月星，能把"明"说清楚吗？站在中国文化的角度，如此解说才是"的"之应有之义。

"渠荷的历，园莽抽条。枇杷晚翠，梧桐蚤凋。"是《千字文》中对四季景致的精美描绘，那么"渠荷的历"中之"的"是什么意思？

在这里，"的"指莲子。《尔雅·释草》说："其实莲，其根藕，其中的。"《注》曰："的，莲中子也。"莲花出污泥而不染，莲子是其种子，中有莲心，其味苦，可明目清心。莲花之转污浊为清净，化腐朽为神奇，皆赖于此，文人常以此喻心明志，此称为"的"，不亦宜乎！

下面来看看北斗的"斗"字。

"斗"的字形，甲骨文和金文是"斗"的象形，"斗柄"上的一横是斗柄的辅弼。小篆的字形，"三撇"既像斗体，又像气形，毕竟万物皆由气而化现，气才是宇宙之斗所盛的实体。《说文》说"斗"："十升也；象形，有柄。""斗"是天地万物的纲领，当然也可以作为衡量的器物。《汉书·律历志》中把一切度量衡的标准归结为"北斗"斗柄指向"子"时的气律"黄钟"。中国人只用"斗"装粮食和黄金,"一斗十升",很有内涵,不仅是计量,也很吉祥。

今人简化汉字,把"战鬥"、"鬥争"的"鬥"和"量斗"、"北斗"的"斗"合为一字,并用为"斗",实在是一个"天大的"混淆,"鬥"和"斗"相连的取意是人都是为了粮食、金钱和利益而争斗,不公平则生斗。"鬥"和"斗"不分,是天理混淆、道德下滑的表征。

"斗"字的楷书非常有意思,你看出来了吗?

楷书的"斗",就是现在的"斗"字,保留了象形,左上部为"斗魁",两个"点"表示所盛之物。"斗",拆分是"十"和"二","十二"是周天之数,十二消息卦,十二律,十二地支,十二生肖等等,都有十二之数,十二为斗,十二是"北斗"周天运行的标志。

"斗"字的读音从哪里来?斗音同头(頭)。斗是纲领,当然也是头领。今天简体字"头"的字形从哪里来?从北斗的"斗"和大人的"人(或大)"字而来,是"斗"和"人(或大)"的组合体。"北斗"是"天"的"头","头"是"人"的"斗"。"头"的字形古已有之,并非今人的发明,今人只是拿来一用,用并无可与不可,只是不要破坏文字的标准,且要知道和保留每一个字的背景和意义。

"头"和"斗"是音义互通的，在人为头，在天为斗。头和斗的运动是精微的，故微小的手动叫"抖动"，微小的头动叫"颤抖"。

今人常把某一领域杰出的领头人称为"泰斗"，"泰"是泰山，为五岳之尊，"斗"指北斗，为天之纲领，称人为"泰斗"，是赞其为领袖、众望所归的意思。

接着注意看北斗的"斗"字，你能告诉我天上的北斗是怎么运转的吗？这从字中也能看出来吗？当然能！要不怎么叫象形字呢？

"斗"字中间的一横是斜的，左低右高倾斜的。这就表示左边往下转，右边向上转，这样转斗里的东西才会掉下来，对吧！

天上的北斗也是这样运转的，我们面向北看的时候，北斗是和字形一样，逆着时针的方向运转的，当斗口朝向我们的时候，就把天上的好东西倒下来，这非常像一个巨大的"水车"。在传统文化中，"北斗"就是一辆车，这可不是一架普通的车，而是天帝的专车。《史记·天官书》中说："斗为帝车，运于中央，临制四乡。分阴阳，建四时，均五行，移节度，定诸纪，皆系于斗。"当北斗转到远离我们的北边时，斗口逐渐朝上，当北斗转到我们的头顶时，斗口就朝着大地上的我们，北斗里面看不见的、数不尽的宝物就会从天而降，落在我们的头上。

大家看看，人和天的关系就是这样密切。

大家想想，这样讲课教字孩子们能不喜欢吗？这不是神话故事哦，夜晚的星空，真实的北斗就是这样运行的。

汉字是字符，是天地自然规律和人的精神的体现，文字本身就蕴含了天地自然之象、万物的音律以及生命的精神，如果仅仅把文字看成是知识，就把它看僵死掉了，实际上它是一种信息、一种能量、一股正气，这是我们要建立的观念。

所以写过字的不用的纸不要窝成一团扔掉，可以在书斋和办公室里放个火盆，把字纸烧掉，因为文字来自于天上，烧了就等于把文字还归于天上，烧掉的是纸，还回去的是心。古人写字是很讲究的，不仅仅是因为文字来之不易，而且字里面是有信息的，是上苍和先祖留给我们的精神财富，善待文字不仅表现了读书人对神明的恭敬，也是文人的情怀。

汉字字数上万，其表现力上覆下盖，涉及万品，具体而微，但是文字的道理却是简单明了的。学习文字的关键是把文字的道理搞清楚，这样学习就不会发散了。如果今天学十个字，明天学十个字，字与字之间是孤立的，这就是在做加法，是很累的；识字是做减法，学了一个字就联想到另外一个字，字与字之间都存在"亲戚关系"。"六书"就是文字的"六亲"，不能把字关联起来就是"六亲不认"。在识字的学习过程中，知识会一天天地增加，中心也会越来越明确。文字的起源承接了上古的"结绳记事"，学习文字也要会"结绳",要有"条理",这个"条理"就是"天人合一、万物同源"的世界观,由此而下,则自然而然,识字的过程亦是格物致知的过程。

说文解字,就是用中国文化的世界观来说解文字。文字是符号,反映的是事物的本质,蕴含了道理,因此,常常用几个字就可以把事理说清楚。说文解字,就是站在文字的立场,从形音义的角度,按照"六书"的方法,把阴阳分化、五行相生等等中国文化中最基础的道理放进去,结合自然和历史的发展,把文字讲清楚。

文字来源于仰观俯察,远近相取,本身是自然的,文字也应当回归于自然。怎么回归呢?就是把文字归于生命,把文字放在我们的生命之中,文字和生命的结合就是文字之"用"。文字和生命的结合起到化导作用,是文字的归宿,文化亦复如是。中国的文字和文化,由圣人则立,立在我们的生命之中,这是文字发展的命脉,因为生命是活的,而文字文化也是活的。如果认识了很多字还是不明白道理,那就是把文字学死了。如果文字只是一个孤立的记号,那就可以随便简化了,就可以窝成一团随便扔掉了。如果文字是源于自然的生命,那就不敢草率地对待了,这是反复强调的文字的世界观,要明确表态:我们就是这样看待文字的!

文字是活的,正因为是活的,才可以生动地用在你的文章之中，写出来的东西才可以感天动地。文字之用是因为我们对文字的理解，表现为我们的情怀，是靠我们的生命来存活的。文字犹如血液，流淌在我们民族历史和生命的躯体中，滋养着不息的文明。

结束语　文字载道

读书人都知道：文以载道。如果文不载道，那我们学文干什么？如果学习文字和文化不能了解和认识世界，不能把握自己的生命，那我们学文还有什么用处呢？再说了，如果文不载道，其自身岂能长久！汉字存在已经几千年了，作为中华文明的载体本身就已经说明了汉字的生命力。

文字为什么载道呢？

首先道法自然，文字也源于自然。《道德经》云："道生一，一生二，二生三，三生万物。"世上的万物都是生出来的，文字也是生出来的。文字产生的规律和万物生化的规律一致，所谓"天垂象，圣人则之"。圣人创立文字，用文字来模拟表达万物的变化，并且用文字来引导、教化大众，使得人类经由遵循自然回归生命的本然，来完成生命的启蒙以至超越。正如《道德经》中所云："人法地，地法天，天法道，道法自然。"

在文字学习的过程中，文字的形、音、义与对文字的书写、读诵、领会是一体并存的。中国人讲文化就是"读书写字"，就是说，在读和写的过程中，把一切天地阴阳的道理以及人文的情怀都赋予了学生。我们的生命被"文"所开发，通过对文字的学习，启发了我们的心智，丰富了我们的心灵，塑造着我们的精神气质以及人文涵养，确是"文心雕龙"。中国文化谈"文质彬彬"，这个"质"就是文字本身所承载的中国文化背景和阴阳五行的实质，而其"文"就是由此演化出多姿多彩的文艺表现形式，诸如书法、绘画、诗词、音乐、歌舞等等。

在文化的发展中，读与写分开了，由写字发展出了专门的书法艺术。在我们今天的教学中，先把书法去掉了，光剩下读书了，而即便读书，也少去了许多音与意的知会及韵律之美，即便是写也只去书写简化的文字形式而忘其本义。文字的背景和世界观渐渐失去了。

如此一来，便"文质"皆失了。古人把做人放在"读书写字"的过程中进行教育，所以古代的文化人真的是博览群书，旁通今古，书法也是一流！而今人写字形音义不能一贯，读书难以旁通，学习与做人分裂开来。

教师应该明白这一点：合久分，分久合！天下万物莫不如是。

生命是这样的，历史是这样的，文字也是这样的。

正所谓：易与天地准，文与万物参也。

我在本书前言中说的不能用西方文字学的立场来看待汉字，是从保护汉字和阐发汉字的内涵的角度刻意而言的，到结束语的时候一看似乎有点狭隘。汉字应该是能够接受世界文明从各个角度的考察和检验的。越比较、越考察、越检验，越觉得汉字好，才是汉字真正的魅力所在。汉字必将随着民族的复兴和文化的发展一起迎来一个新的发展的春天，汉字也必将因其所本具的道性在整个人类的世界文化的融合中发挥基本的作用。汉字属于中国，亦属于人类。

文字是人从自然之中引发出来的，也能引导人类回归生命的本然。